Friedrich Kaissling

Über den Gebrauch der Tempora und Modi in des Aristoteles Politica und in der Atheniensium Politia

Friedrich Kaissling

Über den Gebrauch der Tempora und Modi in des Aristoteles Politica und in der Atheniensium Politia

ISBN/EAN: 9783743348387

Hergestellt in Europa, USA, Kanada, Australien, Japan

Cover: Foto ©ninafisch / pixelio.de

Manufactured and distributed by brebook publishing software (www.brebook.com)

Friedrich Kaissling

Über den Gebrauch der Tempora und Modi in des Aristoteles Politica und in der Atheniensium Politia

Der Gebrauch der Tempora und Modi
in den
kretischen Dialektinschriften.

(Teildruck.)

Inaugural-Dissertation
zur
Erlangung der Doktorwürde
einer
hohen philosophischen Fakultät
der
Kaiser-Wilhelms-Universität Straßburg

vorgelegt von

Hans Jacobsthal
aus Straßburg.

STRASSBURG
Verlag von Karl J. Trübner
1907.

Inhaltsübersicht.

Einleitendes.

Erster Teil: Tempora.

- A. Präsens und Aorist . . . . . § 1—62
  - I. Indikativische Formen . . . § 1—19
    - a) Indikativus Präsentis . . . § 1—4
    - b) Imperfektum . . . § 5—15
    - c) Indikativus Aoristi . . § 16—19
  - II. Modale Formen . . . . . § 20—62
    - a) Konjunktiv und Optativ . . . § 21—33
    - b) Imperativ u. imperativ. Infinitiv . . § 34—52
    - Zusammenfassendes zu a und b . . § 53—56
    - c) Partizipium Präsentis und Aoristi . . § 57—61
- B. Perfektum . . § 63—71
- C. Futurum . § 72—74

Zweiter Teil: Modi.

- A. Modi in unabhängigen Sätzen . . § 75—78
- B. Modi in abhängigen Sätzen . . . § 79—107
  - I. Konditionalsätze . . . § 79—92
  - II. Relative Sätze . . . . § 93—99
  - III. Temporalsätze . . § 100—105
  - IV. Finalsätze . . . . § 106—107
- C. Vom Gebrauche des Verbum infinitum.
  - I. Vom Gebrauche des Infinitivs . . . § 108—117
  - II. Vom Gebrauche des Partizipiums . . . § 118—120

Anhang von Anmerkungen.

Index der behandelten Stellen und Wörter.

Die modalen Formen des Präsens- und des Aorist-stammes.

Das Wesen des für die griechische Sprache so wichtigen und charakteristischen Bedeutungsunterschiedes zwischen den Formen des Präsens- und des Aoriststammes ist — namentlich in den letzten Jahrzehnten — der Gegenstand zahlreicher und vielfach auseinandergehender Forschungen gewesen: es mag genügen, hier auf die große, zusammenfassende Darstellung bei Delbrück Grundriß der vergl. Gramm. d. idg. Spr. IV Kap. XVII bis XXI hinzuweisen (vgl. noch Brugmann Kurzer vgl. Grdr. § 734 ff. und Gr. Gr.³ § 533 ff.) und auf den Überblick über die Entwicklung dieser Fragen und Streitigkeiten um 'Tempora und Aktionen', von den antiken Theorien beginnend bis zum Erscheinen dieses Buches, daselbst Kap. XVI (vgl. auch den Überblick bei Herbig IF. VI, 171 ff.). Doch hat seither auch das Delbrücksche System von verschiedenen Seiten Kritik erfahren: vgl. besonders Sarauw KZ. 38, 145 ff., und H. Meltzer IF. XVII 186 ff., die vor allem den Begriff 'punktuell, Punktualität' einer Kritik unterziehen und die Ansicht Delbrücks bestreiten, daß der Aorist der Ausdruck der Punktualität sei, weiter H. Pedersen KZ. 37, 219 ff., auch B. L. Gildersleeve Problems in Greek Syntax (Baltimore 1903).

§ 20[1]). Die mehr begrifflichen und theoretischen Teile dieser Forschungen, die die Vielheit der Erscheinungen durch (ursprüngliche) einheitliche Gebrauchsarten erklären wollen, kommen nur in zweiter Linie in Betracht für die folgenden Untersuchungen, die rein praktischer Natur sein sollen: es war mir mehr darum zu tun, von Fall zu Fall zu entscheiden, ob und welche Unterschiede der aoristischen und präsentischen Formen noch vorhanden zu sein, wo sie schon verblaßt zu sein schienen usw.,

---

1) Hier und im folgenden ist die Paragraphenbezifferung der vollständigen Gesamtabhandlung beibehalten worden.

als die Gesamtheit der Erscheinungen in ein einheitliches System zu bringen.

Auf literarischem Gebiet sind Untersuchungen dieser Art schon mehrfach angestellt worden: so bei Thurot Mém. de la Soc. ling. de Paris I. 111 ff. 'Observations sur la signification des radicaux temporels en Grec' und Riemann, Mélanges Graux S. 585 ff. 'La question de l'aoriste grec', die zum Resultat gelangen, in der attischen Literatur (Riemann speziell Plato) sei Präsensstamm und Aoriststamm meist unterschiedslos nebeneinander gebraucht, während Blass, 'Demosthenische Studien' Rh. M. 44, 1889, S. 406 ff. umgekehrt (im Demosthenes) noch die feinsten Unterschiede erhalten sieht, und dasselbe für Homer bei Mutzbauer 'Die Grundlagen der griechischen Tempuslehre und der homerische Tempusgebrauch'.

Inschriftliche Texte sind — ausgenommen einige teilweise zu modifizierende Bemerkungen bei Meisterhans § 88 über die attischen Inschriften — daraufhin noch nicht untersucht worden; um also einen Maßstab für die Stellung des Kretischen innerhalb der Inschriften überhaupt zu gewinnen, mußte im folgenden des öfteren im weitesten Maße auf das Gebiet der anderen, besonders der dorischen Dialekte ausgegriffen worden.

a) Gebrauch des Präsens und des Aorists in konjunktivischen und optativischen Nebensätzen.

In Abschnitt 1. und 2. werden zunächst zwei Gebrauchsarten behandelt, aus denen der Unterschied zwischen Präsens- und Aoriststamm in den konjunktiv. und optativ. Nebensätzen sich erkennen läßt: 3. und 4. sind dann mehr negativer Natur, indem der erstere sich mit der Frage beschäftigt, inwieweit und ob wir überhaupt beurteilen können, daß mit den Tempora verschiedene Vorstellungsformen verbunden wurden, der letztere die Frage nach dem Eindringen der Zeitstufe in die konjunktiv. und optativ. Nebensätze behandelt.

§ 21. 1. Der Aorist bezeichnet eine einmalige, bestimmte Handlung: er ist daher für die Urkunden und Gesetzessprache besonders geeignet, wenn einer allgemeinen im Präsens gegebenen Bestimmung ein abgeschlossener Einzelfall gegenübergestellt wird, wie das häufig in konjunktiv. und optativ. Nebensätzen der Fall ist. Die kretischen Inschr. bieten dafür eine Anzahl handgreiflicher Belege: so lesen wir in dem Vertrage zwischen Gortyn und Rhizen 4985, 4 τὸν δὲ cταρταγέταν καὶ τὸν κοcμίοντα ... δαμιôμεν δὲ δαρκνὰν καὶ κατακρε͂θαι ... πλίον δὲ μὲ δαμιôμεν, αἰ δὲ πλίον δαμιόcαι ε͂ μὲ κατακρέcαιτο ... δικάδδεθαι 'der Str. und der K. soll bis zu einer Dr. in Ordnungsstrafe nehmen und das Geld ... verbrauchen dürfen ... mehr aber nicht, wenn er aber mehr in Ordnungsstrafe nimmt oder es nicht gebraucht ... dann soll er abgeurteilt werden'. Dieselben Verben also, die vorher im Präsens standen, treten in den Aorist, um einen herausgegriffenen Einzelfall zu bezeichnen. Ähnlich Tab. II 30 προϜειπάτō ἀλλύεθθαι ..., αἰ δέ κα μὲ ἀλλύcεται: Tab. X 40 heißt es gar in demselben Satze καὶ μέν κ' ἀνέλε͂ται ... τέλλεμ ... κἀναιλε͂θαι 'wenn einer die Erbschaft übernimmt ..., soll er erfüllen die Pflichten ... und die Erbschaft übernehmen'. Hierher gehört es, wenn es 4986, 11 heißt: ὀμνύμεν δε ... darauf Z. 16. νικε͂ν δ' ὅτερά κ' οἱ πλίες ὀμόcοντι, ebenso Tab. V 1, 7 VII 34 ἀπολανκάνεν (imperativisch) dagegen VI 6 ἄτι δέ κ' ... ἀπολάκει VI 9 ἄτι κ' αὐτοὶ ... ἀπολάκοντι und Gortyn 5000 II 7 μηδ' ἐνεκυράδδεν gegenüber I 13 αἴ κα ἀδίκοc ἐνεκυράκcει. Dieses die alten Beispiele: die gleiche Gebrauchsart auch in den jüngeren Inschr.: Hiarapytna 5040 (3. Jahrh.) 29 πρειγήια ... παρεχόντων ..., αἰ δέ κα μὴ παρ(ά)cχαιεν, Hiarap. 5041 (3. Jahrh.) 8 μὴ ἐξέcτω ... πόλεμον ἐχφέρεcθαι ..., αἰ δέ τινέc κα ... ἐξενέγκωνται, Leben (Jung-Gortyn) 5087 b 3 αἴ κα λῆι παρδιδόμεν ... αἴ κα μὴ παρδῶι, Malla 5100, 8 μὴ ἐξέcτω cυλέν ... aber Z. 13 ἄλλο δ' αἴ τ[ιc cυλαc]αι (so sicher ergänzt). Außerdem findet sich noch eine Anzahl gleichartiger, leider meist verstümmelter Belege, deren vollständigster Hiarapytna 5040, 39: ἀναγινωcκόντνω δὲ ... κατ' ἐνιαυτὸν οἱ τόκ' ἀεὶ κοcμόντεc ... καὶ προπαραγγελλόντων ..., ὁποῖοι δέ κα μὴ ... ἀναγνῶντι ἢ μὴ παραγγήλωντι: 'jedes Jahr soll das geschehen (Präsens), wenn es aber einmal nicht geschieht (Aorist)'. Die Aoristform für den einmaligen Ausnahmefall wenigstens noch 5044, 17 τὰc δὲ ἀγέλαc ἐξορκ[ιδδόντων κατ' ...]. ..; [εἰ δὲ] μ[ὴ ἐξορ]κίξωντι und 5021 Gortyn mag es in der Lücke neben |ἀναγινωcκόντων| wohl auch |... (προ?) παραγγελλόντων ...| geheißen haben, es geht weiter: |αἰ δὲ μὴ| παραγγείλαιεν ..., Malla 5100, 17 lesen wir ... |τιων δ' ὁ κόcμοc κατ' ἕκαcτον ἐ(ν?)cυτὸν [τὰν ἀγέ]λαν τὰν τόκα ἐcδυομέναν ... ἀναγινωcκόντων δὲ τὰν cτάλαν ... |αἰ| δὲ μὴ ναώcαιεν τὰν ἀγέλαν ...: die Herausgeber ergänzen nach dem Vorgang von Bücheler (Rh. M. 1886, S. 310) zu Anfang |ναωcά|ντων; nach den obigen Stellen und dem koordinierten ἀναγινωcκόντων zu urteilen ist doch wohl das Präsens ναωόν|των einzusetzen; die Buchstabenzahl macht infolge der Ungleichheit der Zeilen (vgl. die Abbildung Comparetti Mus. Ital. III, 635) keine Schwierigkeiten. Ebenso sind auch die entsprechenden Stellen in dem von Deiters neu revidierten Vertrage zwischen Olus und Latos 5075 herzustellen: Z. 20 gibt der Stein ΕΞΟΡΚΙΖΑΝΤΩΝ, Blass schreibt ἐξορκιζ(ό)ντων mit Recht, — und dem entsprechen auch die folgenden Präsentia [ἀναγινωσκόντων] und τελισκόντων, Deiters gibt unrichtig ἐξορκι(ξ)άντων; Zeile 25 dagegen stehen nach Deiters die Aoriste εἰ δέ κα [μὴ] ἐξορκίξωντι ... ἢ μὴ παραγγήλωντι ... ἢ μὴ ἀναγνῶντι, die wir erwarten, fest, ebenso Z. 28 οἱ Ὀλόντιοι εἰ μὴ ἐξορκίξαιεν ἢ μὴ παραγνήλαιεν ἢ μὴ ἀναγνοῖεν, während Blass noch Z. 25 εἰ δέ |κα μὴ ἐξορκίζωντι] ... ἢ μὴ παραγγέλλωντι ἢ μὴ ἀν[αγνώοντι] (sic) und Z. 28 [εἰ μὴ] ἐξο[ρκίζο]ιεν ... ἢ μὴ ... [ἀναγινώσκοιεν] ... gibt.

§ 22. Dieser Aoristgebrauch kretischer Inschriften, alter wie junger, läßt sich durch Beispiele aus den verschiedensten Dialekten belegen, sodaß er als ursprünglich gemeingriechisch angesprochen werden darf: Tegea 1222, 40 ἀπυκαθιστάτω τὸ κατυβλαφθέν ... εἰ δ᾽ ἄμ μὴ .... κατυστάcη; Delphi (Labyadeninschr.) 2561 A 34 μήτε δέκεςθαι (τοὺς ταγούς), αἰ δέ κα δέξωνται: Delphi 1811 (jünger), 4 καταφερέτω ... εἴ κα ... κατενέγκη und 2642 (2. Jahrh.) 64 πομπευόντω ... ἐπεὶ δέ κα πομπεύcωντι: Rhodos 3836 (2. Jahrh.) 70 ποιείcθωcαν ... ὅτι δέ κα μὴ ποιήcωντι vgl. Korkyra 3206, 65 οἱ ... ποιούντω, εἰ δὲ οἱ ... μὴ ποιήcαιεν; ionisch-attische Beispiele: Keos 5399 (1. Hälfte des 4. Jahrhs.) 7 ἀποδιδόναι ... ἂν δὲ μὲ ἀποδῶι. C. I. Att. II 841 b (1. Hälfte 4. Jahrhs.) 45 ἐπιψηφίζεν ... ἐὰν δὲ μὴ ἐπιψηφίcηι und C. I. Att. 614 (3. Jahrh.), 15 cτεφανούτω ὁ ἱερεύς .... ἐὰν δὲ ὁ ἱερεὺς μὴ cτεφανώcει usw.

Es soll hier gleich bemerkt werden, daß dieser Tempuswechsel in Haupt- und Nebensatz nicht überall eintritt: auf 4985 Gortyn z. B., das uns oben den an erster Stelle zitierten Beleg hergab, heißt es Z. 10 πράδδεν δὲ τὸν κόcμον, αἰ δέ κα μὲ πράδδοντι oder 4982, 4 ... μήτε cυλέν. αἰ cυλίοιτο ... und aus anderen Dialekten z. B. Delphi 2642, 70 ἀποδιδόντω ... εἰ δέ κα μὴ ἀποδιδῶντι oder Oiantheia 1478 (5. Jahrh.) 41 gar umgekehrt δόμεν ... αἴ κα μὲ διδόι usw. Das Präsens mag in diesen Fällen die nur beabsichtigte Handlung wiedergeben (sogen, dynamisches Präsens: 'wenn er nicht ... will'), s. darüber § 26. — Man könnte einwenden, der Aorist bezeichne in diesen Nebensätzen gegenüber dem Präsens nicht die Abgeschlossenheit der Handlung, sondern die Zeitstufe der Vergangenheit — über diese Frage ausführlicher unter Abschnitt 4) § 32 ff.

§ 23. 2. Wir werden unten § 37 ff. sehen, daß gewisse Verben, wenn sie durch einen Zusatz näher bestimmt sind, im Imperativ Aoristi, wenn dagegen ein solcher Zusatz fehlt, die Handlung also allgemeiner und unbestimmter Natur ist, im Imperativ Präs. auftreten: dasselbe läßt sich auch für konjunktiv, und optativ. Konditionalsätze zeigen.

a) Am Schlusse der recht häufigen Schwurformeln pflegt der Schwörende für den Fall, daß er falsch schwöre, (in Kreta wie auch anderwärts) den Zorn der Götter auf sich herabzurufen mit den Worten 'εἰ δέ... ἐπιορκέοιμι... dann möge mich das und das treffen' [1]). Dieses Bedingungssätzchen nun steht immer im Präsens, so z. B. 5024, 73 εἰ δ' ἐπιορκίοιμεν, nur 5039, 22 lesen wir αἱ δέ τι ἐπιορκήσαιμι: im Gegensatz zu den übrigen Stellen finden wir aber auch hier den näher bestimmenden Zusatz αἱ δέ τι ἐπιορκήσαιμι τῶν ὤμοσα ἢ τῶν cυνεθέμαν 'in einem der Punkte, die ich beschworen oder abgemacht habe' — in diesem bestimmt vorgestellten Falle also der Aorist. In anderen Dialekten, wo sich, wie gesagt, die Formel auch häufig findet (vgl. Dittenberger Syll. III s. v. ἐπιορκέω und εὐορκέω), steht, soweit mir die Stellen bekannt sind, das Präsens — allerdings ohne nähere Zusätze [2]).

§ 24. b) Ein weiteres Beispiel liefert wieder eine formelhafte Wendung: die teischen Asyliedekrete zeigen den stehenden Passus αἰ (εἰ) δέ... τινέc κα... ἀδικήcωντι... (ἐξέcτω τῶι κτλ.) 5165, 5; 5170, 19; 5171, 24; 5172, 5 (5175, 1); 5176, 34; 5178, 34; 5180, 24; dagegen präsentisch 5184, 16; 5185, 38 καὶ ἐάν τινεc ἀδικῶcι: den Stellen nun, wo der Aorist steht, ist hinzugefügt die Wendung αἰ δέ τινέc κα τῶν ὁρμιομένων

---

1) Oder auch das Participium εὐορκοῦντι -οῦcι z. B. 5058, 39; 5075, 83; 5014, 5. — Bemerkenswert ist der Wechsel des Numerus 5044. 17 ἐπιορκόντι μέν... (ἡμεν)... εὐορκῶcι δέ... (ἡμεν) dasselbe Z. 24..., 5039, 22 αἰ δέ τι ἐπιορκήcαιμι... εὐορκῶcι δὲ ἀμίν und im Schwur selbst 5120, 15 ff. Ὀμνύω... εὐνοήcω... ἐάcομεν etc.

2) Die Ergänzung der Bergmannschen Inschr. 5024, 71... ταῦτα δὲ εἰ] μέν εὐορκίοιμεν sieht recht unwahrscheinlich aus, wegen dieser Verbindung mit ταῦτα, für die analoge Stellen sich wohl kaum werden finden lassen.

ἐξ (folgt der Name der betr. Stadt) 'wenn jemand von denen, die von (unserer Vater)stadt herkommen, einem der Toer Schaden tut', wodurch sogleich der Fall abgeschlossener und bestimmter vor Augen geführt wird, als wenn es ohne Zusatz (präsentisch) heißt: 'wenn irgend Leute d. Teern Schaden zufügen' — beachte auch, daß es heißt ἐάν τινες ἀδικῶςι Τηίους (5184, 5181) aber beim Aorist stets (außer 5181, 47) ἀδικήςωντί τινα Τηίων (vgl. oben αἰ ἐπιορκίοιμι gegen αἰ δέ τι ἐπιορκήςαιμι τῶν ὤμοςα κτλ.): hinzuzunehmen ist auch noch der deutlich spezialisierte Fall 5146, 19 εἰ δέ τίς τινα ἀδικήςηι Ἀναφαίων τῶν ἐκ Κρήτας ὁρμιομένων. Eine Bestätigung findet diese Beobachtung durch 5181, 42, wo es unmittelbar hintereinander heißt ἐάν τινες ἀδικῶντι … καὶ ἐάν τινες ἀδικήςωντι: im letzteren Fall mit dem bestimmenden Zusatze καὶ ἐάν τινες ὁρμιόμενοι ἐξ Ἀπτέρας ἀδικήςωντι, im ersteren ohne diesen. — Zwar auch bei den präsentischen Fällen fehlen nicht weitere Bestimmungen, aber sie bestärken gerade die Richtigkeit der vorstehenden Interpretation: es handelt sich nämlich nicht um Zusätze, die geeignet sind, zu spezialisieren und die Vorstellung eines bestimmten Falles zu erwecken, sondern die im Gegenteil verallgemeinern und unbestimmter gestalten entweder durch mit ἢ angegliederte Erweiterungen, wie 5181, 42 καὶ ἐάν τινες ἀδικῶντι ἢ κατὰ κοινὸν ἢ κατ᾽ ἰδίαν ἢ κατὰ γᾶν ἢ κατὰ θάλαςςαν, oder durch Anhäufung paralleler Verben, wodurch der Kreis der Möglichkeiten, die eintreten können, erweitert wird, wie 5185, 39 καὶ ἐάν τινες ἀδικῶςι ἢ … παραιρῶνται … καὶ πολεμέωςιν κατὰ γᾶν ἢ κατὰ θάλαςςαν, 5184, 16 καὶ ἐάν τινες ἀδικῶςι … ἢ παραιρῶνται. Es wird wohl kein Zufall sein, daß wir auch sonst auf Kreta derartig erweiterte Konditionalsätze durchgehends präsentisch finden, so 5018, 7 καἴ τίς κα πολεμῇ … ἢ καταλαμβάνῃ … ἀποτάμνηται (ähnlich auch Z. 10) 5075, (nach Deiters) 4 καἴ τίς κ᾽ ἐμβαίνῃι … ἢ ἀποτάμνηται … ἢ φρώρια ἢ νάςος ἢ λιμένας καταλαμβάνηται 5182, 31 καὶ ἐάν τις ἐπὶ τὰν … ἢ τὰν … ςτρατεύηται ἢ κατὰ γᾶν ἢ κατὰ θάλαςςαν 5183, 26 καὶ ἐάν τινες ἐπὶ … καὶ ἐπὶ … πολεμῶςιν ἢ ἀφαιρῶνται … Auf der Bergmannschen Inschr. 5024 ist also Z. 14 αἰ δέ τίς κα ἀ[φαιλῆται ἢ πολεμήςηι …] und 83 αἰ δέ τίς κ᾽ ἀφαιλῆται ἢ πολεμ|ήςηι …] das aoristische πολεμήςηι (neben dem mit ihm verbundenen präsentischen ἀφαιλῆται) an beiden Stellen durch die präsentische Form zu ersetzen, vgl. auch die ganz analoge Stelle 5183, 28.

§ 25. c) Eine Parallele zum Vorstehenden findet sich außerhalb Kretas in dem rhodischen Vertrage 3749, wo es in dem erweiterten Konditionalsatze Z. 51 heißt καὶ εἴ κα cυνιcτᾶται λαcτηρία ... καὶ ἀγωνίζωνται ... ποτὶ τοὺc ... ἢ τοὺc ... ἢ τοὺc .... dagegen in dem durch einen Zusatz spezialisierten Z. 35 εἰ δέ κα cυcτᾶ πόλεμοc Ῥοδίοιc ποτί τινα τῶν ἐν cυμμαχίαι ἐόντων Ἱεραπυτνίοιc (cυνιcτᾶται gegenüber cυcτᾶ)[1]. Ebenso treffend ist eine Parallele aus den delphischen Inschriften: 2524, 12 εἰ δέ τίc κα αὐτοὺc ἀδικῆι ἢ πράccηι τι παρὰ τὸ δόγμα, so der erweiterte Fall gegenüber dem abgeschlossenen in der vorhergehenden Inschr. 2523, 17 ἐάν δέ τιc ἀδικήcηι τινὰ αὐτῶν (beide Inschr. aus dem 3. Jahrh.).

d) Die bisher vorgebrachten Beispiele gehören jüngerer Zeit an: eine Stelle der Tafeln von Gortyn wird vielleicht auch hierher zu ziehen sein: IX 45 αἴ τίc κα... μὲ ἀποδιδόι gegenüber I 27 und 46 αἴ κα... μὲ ἀποδόι: es zeigt sich nämlich, daß von ἀποδιδόναι auf den Tafeln von Gortyn überhaupt nur aorist. Formen vorkommen und zwar stets mit näherer Angabe des Objekts, um das es sich bei der 'Herausgabe' handelt: es steht im Akkusativ dabei: I 25 δῶλον. I 46 αὐτόν, III 5 κὄτι κα παρέλει ἀποδότō αὐτόν, III 33 τά τε ... κὄτι, VI 50 τὸ ἐπιβάλλον, XI 17 cτατέρανc, X 19 τὸν ἄργυρον[2]) — nur an der einen Stelle IX 45, wo wir eben präsent. ἀποδιδόι fanden, steht kein Objekt dabei: es heißt einfach 'wenn der ἐπιθένc nicht zurückgibt': das Präsens ἀποδιδόι ist besonders auffällig, da es durch ἒ̄ mit dem aoristischen cυναλλάκcει verbunden ist.

Daß wir 4982, 8 τὰν διπλείαν ἄταν ἀποδόμεν lesen und ebenso 5120, B 21 ἀποδόντω τοῖc ... δραχμάν, dagegen im Formular der teischen Dekrete (ἀναγκαζόντων) ἀποδιδόμεν τὸc ἔχοντας (präsentisch), wo auch nicht ausgedrückt wird, was sie zurückzugeben haben, könnte eine Bestätigung der obigen Interpretation sein: doch ist dieser zuletzt unter d) behandelte Fall überhaupt nicht mit Sicherheit unter die Erscheinung einzureihen, die uns in diesem Abschnitt 2) beschäftigt hat (vgl. die Bemerkung § 26 Ende).

---
1) Zum Wechsel der Diathesis vgl. § 10 Anm.
2) I 24 ist bei dem engen Anschluß τὸμ μέν ἐλεύθερον λαγάcαι ... τὸν δέ δῶλον ἀποδόμεν. αἰ δέ κα μὲ λαγάcει ἒ̄ μὲ ἀποδῶι der Einfachheit halber das zweite Mal das Objekt, das sich von selbst versteht, weggelassen worden. Vgl. noch aoristisch mit Angabe des Objekts 4998 III 12 αὐτὸν ἀποδόμην IV 3 ὅτι δέ κά τιc αὐτὸν ἀποδόι cώμελέc (hier ist das durch ὅτι und αὐτόν doppelt ausgedrückte Objekt ein für die alte Sprache bemerkenswertes Merkmal) VI 14 ἢ κ' ἀποδῶι τὸ ὀπήλōμα.

§ 26. 3. In den bisher behandelten Fällen gelang es dadurch, daß wir beobachteten, in welch verschiedener Weise dasselbe Verbum im Präsens- und im Aoriststamm gebraucht wird, den Gegensatz der Aktionen zu fassen: der Aorist gab sowohl in den unter 1 als auch in den unter 2 besprochenen Stellen einen bestimmten, abgeschlossenen Einzelfall wieder gegenüber den allgemeinen präsentischen Bestimmungen. Daß in relativen oder konjunktionalen Wendungen gewisse Verben bald im Präsens, bald im Aorist auftreten, begegnet auch sonst noch auf unseren Inschriften: doch nur in den seltensten Fällen läßt sich (wie das bei literarischen Texten sehr oft möglich ist) dieser Wechsel auf Grund des inneren Zusammenhangs erklären, wie etwa, wenn wir Tab. I 11 lesen αἰ δ᾿ ἀννίοιτο μὲ ἄγεν, τὸν δικαςτὰν ὀμνύντα κρίνεν dagegen 4998 III 14 αἰ δέ κ᾿ ... ἐκςαννήςεται, διπλεῖ καταςτάςαι καὶ θέμηῃμ πόλι: im letzteren Falle wird einfach angenommen, daß er wirklich leugnet, und daß er in der Tat einmal etwas erhalten hat, was er nun aber bestreitet; auf diese Tatsache hin wird er ohne weiteres verurteilt: 'wenn er ableugnet, muß er doppelt Strafe zahlen'; im ersten Falle leugnet der Beklagte beharrlich, der Richter muß schließlich selbst Untersuchung und Entscheidung (κρίνεν) in die Hand nehmen, ob der Beschuldigte das ἄγειν ausgeführt hat oder nicht 'wenn er im Leugnen beharrt, muß der Richter unter Schwur entscheiden' — so mag sich hier Präsens und Aorist erklären. Im allgemeinen aber sind wir einfach zu der Erklärung gezwungen, im einen Falle sei die Handlung punktuell aufgefaßt, im anderen nichtpunktuell, z. B. Tab. V 44 αἰ δέ κα ... μὲ ςυνγιγνόςκōντι ἀνπὶ τὰν δαῖςιν (ebenso VI 51 αἰ δέ κα μὲ ὀμολογίοντι ἀμπὶ τὰν πλεθύν) etwa 'wenn sie nicht eines Sinnes sind' gegenüber 4998 VII 17 αἰ δέ κα ςυνγνῶντι 'wenn sie eines Sinnes werden d. h. übereinkommen' oder 4999, 9 αἰ δαμόςιόν τι κōλύςαι ἢ θάνατος οἶος διακōλυςεῖ 'wenn eine Hinderung eintreten sollte' gegenüber 5044, 16 εἰ δέ κα πόλεμος κωλύῃι 'wenn eine Hinderung vorliegen sollte'. Oder wir können das Präsens als nur gewollte, nicht ausgeführte Handlung ('dynamisches Präsens') erklären, wie wir es oben hier für die am Schlusse von 2. zitierten Fälle annahmen; so also wohl Tab. V 48 κός κα πλεῖςτον διδōι (gegenüber III 20 κάτι κ᾿ ὀ ἀνέο δōι und 29 καῖ τί κ᾿ ὀ ἀνέο δōι) nicht = 'wer am meisten gibt', sondern 'wer am meisten geben will, bietet', wir sagen, 'der Meistbietende', so möglicherweise auch das unter 2. d) erörterte αἴ κα ... μέ ἀποδιδόι 'wenn er nicht zurückgeben will'.

§ 27. Ich sage: so können wir den Tempuswechsel erklären, denn es läßt sich durch nichts beweisen, daß tatsächlich in diesen letzten Fällen die Handlung je nach der Wahl des Tempus verschieden empfunden und aufgefaßt wurde: es liegt immer die Möglichkeit vor, daß eine bestimmte Vorstellungsform mit den Tempora hier nicht mehr verbunden wurde, und wir auf diese Weise mehr hineinlegen, als die Verfasser selbst dabei empfanden. Denn für jüngere Inschriften wenigstens können wir nachweisen, daß in solchen Sätzen Präsens und Aorist unterschiedslos verwandt wurden: auf den Freilassungsurkunden aus Delphi 1684—2342 wird außerordentlich häufig (es sind mehrere hundert, inhaltlich fast gleiche Urkunden) dem Gedanken Ausdruck verliehen "Der (die) Freigelassene(n) soll(en) so und so lange bleiben und alle Aufträge pünktlich ausführen; wenn er (sie) das aber nicht tut (tun) oder nicht bleibt (bleiben), dann ..."; und in diesem letzteren Satze nun heißt es bald αἰ δέ κα μὴ ποιῆ (ποιέωντι), bald ποιήcη (ποιήcωντι) neben ποιέοι (ποιέοιεν) und ποιήcαι (ποιήcαιεν) ebenso wie εἰ δέ κα μὴ παραμείνῃ (-ωντι) oder παραμείναι (-αιεν) ἢ μὴ ποιήcῃ (-cωντι) oder ποιήcαι (-cαιεν) neben αἰ δέ κα μὴ παραμένῃ (-ωντι) oder παραμένοι (-οιεν) ἢ μὴ ποιῆ (εωντι): völlig unterschiedslos werden wie die Modi (siehe unten unter 'Modi' § 91) so auch die Tempora des Präsens und Aorist gebraucht: auch läßt sich nicht etwa die Wahl des Tempus mit den Abfassungszeiten der Inschr. irgendwie in Zusammenhang bringen: die Ausgleichung der Tempusunterschiede geht so weit, daß wir 1854, 10 nebeneinander εἰ δέ κα μὴ παραμείνωντι ἢ μὴ ποιέωντι lesen. Auf denselben Inschriften heißt es unterschiedslos im Formular ὅν κα κελεύῃ (-ωντι) z. B. 1819, 7; 1830, 13 und ὅν κα κελεύcῃ (-cωντι) e. g. 1823, 13; 1829, 8; auf 1811 steht neben Z. 4 ἐνιαυτοῦ ἑκάcτου οὗ κα μὴ παραμένῃ Z. 7 οὗ κα μὴ παραμείνῃ χρόνου. Die Belege sprechen unzweideutig; vgl. übrigens auch in den phokischen Freilassungsurkunden εἰ δέ τις ἐπιλαμβάνοιτο ... ἢ καταδουλίζοιτο 1545, 11; 1546, 8; (1548, b 12) neben εἰ δέ τις ἐπιλάβοιτο Cωτηρίχαc εἰc δουλήαc χάριν ἢ ἀπ᾽ ἐλευθεριώcεωc 1555 c 15 [1]).

---

[1] Umgekehrt heißt es an der entsprechenden Stelle des Formulars in Delphi stets präsentisch εἰ δέ τις ... ἐφάπτοιτο (oder ἅπτοιτο -ηται), zweimal übrigens auch wie in Phokis ἐπιλαμβάνοιτο (-ηται) 1869, 6 und 1951, 8, beide mit aetolischer Datierung cτραταγέοντοc τῶν Αἰτωλῶν etc.

§ 28. Was wir für ein lokal begrenztes Gebiet erkannten, dasselbe gilt für die in sämtlichen Dialekten ungemein häufig gebrauchten Wendungen: εἰ, ὅcα, καθώc, ὁπεῖ, εἴ etc. ... δοκῆι neben δόξηι; auch hier ließ sich (für die jüngere Zeit) ein Unterschied der Vorstellungsweisen je nach dem Tempus ebensowenig entdecken: da heißt es aorist. δόξηι (-αι) von regelmäßig wiederkehrenden Fällen oder wenn auch der Beschluß noch nicht ausführbar, weil noch von einer Bedingung abhängig ist etc.; so z. B. καθώc κα ... δοκῆ 3206, 12; 4645, 19 neben καθώc κα ... δόξει 4680, 17, 20; es müssen bei der Fülle der Belege natürlich Stichproben genügen. Im ganzen scheint bei allen Wendungen der Aorist zu überwiegen, aber es ist bemerkenswert, daß sich vorzugsweise das Präsens findet in der Redensart (ἀναθέμεν δέ o. ä.) ὧι oder εἴ ὁπεῖ ... κα δοκῆι (καλῶc ἔχειν o. ä.), so z. B. IG. IX Z. 10 ὅ ἂν κοινῆι δόξηι ... ἀμφοτέροιc ... aber Z. 22 οὗ ἂν δοκῆι ἐν καλλίcτωι εἶναι oder Anaphe 3430, 34 εἴ κα δόξηι τᾶι ἐκκληcίαι aber 18 (καταcτᾶcαι cτάλαc) ὁπεῖ κα δοκῆι χρήcιμον ἦμεν. — Daß gleicher Weise δόξηι und δοκῆι verwandt wurde, zeigen schon die wenigen Belege, die Swoboda Griechische Volksbeschlüsse S. 15 für die sogenannte 'Bescheidenheitsformel' vorbringt — natürlich haben sich seither die Beispiele bedeutend gemehrt[1]). Wenn wir also auch auf unseren Inschr. αἰ δέ τί κα oder αἴ δέ τί κα ... δόξηι, z. B. 5039, 8; 5040, 74; 5149, 41 und ὅτι δέ κα oder ἐν ὧι κα κοινᾶι δόξηι, z. B. 5041, 6; 5040, 60 neben ἐάν δέ cυνδοκεῖ ταῦτα ... 4940, 29 finden, so werden wir darin keine verschiedene Auffassungsweise entdecken wollen.

§ 29. Es ist begreiflich, daß in der Urkundensprache, namentlich bei so oft gebrauchten formelhaften Wendungen, die Unterschiede der Tempora sich bald abschliffen, verblaßten und daß schließlich nicht mehr jeweils mit einem bestimmten Tempus eine bestimmte Vorstellungsform verknüpft wurde. Allerdings ganz geschwunden sind dabei die Tempusunterschiede aus dem Bewußtsein nicht; denn die Möglichkeit, sie auszudrücken, finden wir noch in später Zeit: sahen wir z. B. eben, daß δοκῆι und δόξηι im allgemeinen unterschiedslos gebraucht werden, so zeigt in dem Vertrage zwischen Rhodos und Hierapytna 3749 (etwa 200

---

1) Daß in den beiden von Swoboda angeführten attischen Beispielen, wo sich das Präsens δοκεῖ findet, das δοκεῖν tatsächlich noch eine unvollendete Tatsache, das Präsens also wirklich angemessen ist, führt uns wohl in die Zeit, wo diese Wendung noch nicht zur Höflichkeitsformel erstarrt ist.

v. Chr.) die Stelle Z. 85 ἐξέςτω δὲ καὶ διορθώςαςθαι τᾶς ςυνθήκας, εἴ τί κα δοκῆι ἀμφοτέραις ταῖς πόλεςι . . . : ἃ δέ κα κοινᾶι δόξηι, ταῦτα κύρια ἔςτω deutlich, daß, wenn es einmal nötig war, man immer noch die Tempora richtig verwenden konnte: Präsens 'falls vielleicht die Städte einmal eine Änderung beschließen sollten' und Aorist 'was sie dann in diesem Fall beschließen' sind deutlich geschieden. Und einen Fall, der in geradezu ungewöhnlicher Klarheit den Unterschied der präsentischen und aoristischen Aktion zeigt, gewinnen wir aus der jungen magnetischen Inschrift (des 2. Jahrhs.) Kern Nr. 98 (Dittenberger Syll. 553) Z. 10. ὅπως οἱ οἰκονόμοι οἱ ἐνεςτηκότες (das sind also die des einen, bestimmten Jahres, daher der folgende Aorist:) ἀγοράςωςιν ταῦρον καὶ οἱ ἀεὶ καθιςτάμενοι ἀγοράζωςιν ταῦρον ('die jedesmaligen', daher Präsens). In diesen Fällen also, wo dasselbe Verbum direkt hintereinander in punktueller und nicht-punktueller Funktion zu erscheinen hatte, konnte man die Tempora in ihrer ursprünglichen Bedeutung noch empfinden und gebrauchen. Jetzt erkennen wir, warum sich die oben unter 1. behandelte Gebrauchsart (von Präsens und Aorist) in allen Dialekten bis in die junge Zeit hinein hat erhalten können: auch hier wurden ja Präsens und Aorist desselben Verbums in ihrer verschiedenen Bedeutung unmittelbar nebeneinander gestellt.

§ 30. Bis in welche Zeit dürfen wir nun mit der Annahme der Vernachlässigung der Tempusunterschiede für Kreta hinaufgehen? Man wird sehen, daß es bei imperativischen Wendungen schon recht früh eintrat (s. κατιςτάμην-καταςτᾶςαι § 61); die konjunktiv. und optativ. Nebensätze, für die wir den Schwund des Unterschiedes in Delphi und Phokis nachweisen konnten, reichen allerdings höchstens bis in das Ende des 3. Jahrhs. hinauf. Jedenfalls sind wir wohl berechtigt, wenn wir auf den schematisch gearbeiteten teischen Dekreten 5186, 18 ἀποκομίςαι . . . πρὸς Τηίος, ἵν᾽ ἐπιγνῶντι lesen gegenüber 5187, 16 διαςαφῆςαί τε ταῦτα Τηίοις ὅπως ἐπιγινώςκωντι, das zu den verblaßten Fällen zu rechnen[1] — ebenso wohl auch das oben § 26 erwähnte αἰ κωλύςαι neben εἴ κα κωλύηι, denn das ist eine in Kontrakten viel gebrauchte, daher früh erstarrte Redewendung; so begegnet in Tegea 1222 gar auf derselben Inschrift Z. 8 εἰ δὲ πόλεμος διακωλύςει und Z. 12 εἰ δέ τις μὴ ἐγκεχηρήκοι . . . ὁ δὲ πόλεμος διακωλύοι

---

1) Bemerkenswert ist es allerdings, daß zu ἐπιγνῶντι präsentisch αἰεί ποκα προνοίαν ποῖωνται koordiniert ist.

nebeneinander, vgl. auch noch aus Kreta 5041 Hiarapytna 4 αἴ κα μή τι πόλε[μος κωλύσηι]. Und es kann immerhin sein, daß wir uns nur haben täuschen lassen, wenn wir oben unter 2. b einen Unterschied zwischen αἰ δέ κα ... ἀδικῶντι und ἀδικήσωντι auf den teischen Dekreten haben finden wollen[1]). — Müssen wir denn aber, um solche Fälle anzutreffen, soweit in der Zeit herabsteigen? Ich möchte hier einige Fälle viel früherer Zeit zur Diskussion stellen: es scheint nichts dafür zu sprechen, daß in attischen Inschriften schon des 5. Jahrhs. die formelhafte Wendung ἐὰν δέ τις ἐπιψηφίζηι ... ἢ ἀγορεύει (so z. B. C. I. Att. I 31, A 20 444/440 v. Chr.) sich in irgend etwas unterscheidet von ἐὰν δέ τις εἴπηι ἢ ἐπιψηφίσηι (so z. B. C. I. Att. I 32, B 16 435/416 v. Chr.); oder wenn es auf der ersten Tafel von Heraklea Z. 149 hόccαι δέ κα τᾶν ἀμπέλων ... ἀπογηράςωντι, ἀποκαταςτάςονται ... hὼς ἤμεν τὸν ἴcον ἀριθμὸν ἀεί heißt, aber dann Z. 170 hόccαι δέ κα τᾶν ἀμπέλων ἀπογηράcκωντι, ποτιφυτεύcει hὼcτε ἀεὶ ὑπάρχεν τὸν ἴcον ἀριθμόν — sollen wir da annehmen, daß das Präsens (im Gegensatz zum Aorist) etwa das jedesmalige oder das beginnende Verkümmern oder den Zustand des Verkümmerns der Bäume zum Ausdruck bringt?

§ 31. In diesen Fällen scheint es nur näherliegend, mit den verschiedenen Tempora einen verschiedenen Sinn nicht zu verbinden: unmittelbar fassen können wir den ungenauen Tempus-Gebrauch auf der Xuthias-Bronze 4598. Ausgang des 5. Jahrhs.: Xuthias nämlich bestimmt hier, daß seine Söhne den Besitz seines im tegeatischen Tempel deponierten Vermögens antreten sollen 'im fünften Jahre ihrer Volljährigkeit', was auf Seite a 4 wiedergegeben wird durch (τὸν τέκνόν ἔμεν) ἐπεί κα πέντε Fέτεα hεβόντι, aber auf Seite b 5 ἐπεί κα ἐβάcοντι πέντε Fέτεα; ungenau gebraucht ist hier der Aorist, denn der Akkusativ der Zeit πέντε Fέτεα kann nur bedeuten 'fünf Jahre hindurch' (vgl. Brugmann Gr. Gr. § 463 Anm. 1) und das Zuständliche in 'wenn er fünf Jahre lang im Besitze der ἥβη ist' kann eigentlich nur das Präsens wiedergeben: der Aorist wäre am Platze, wenn es hieße 'fünf Jahre nachdem sie zur ἥβη gelangt sind', dann aber müßte πέντε Fετῶν (Fετέον) oder ἐν πέντε Fέτεcι ἐπεί κα ἐβάcοντι stehen, vgl. zuletzt K. Meister, IF. 18, 141 ff. besonders S. 144 f. Wahrscheinlich hat eben der Schreiber weder hier noch da der Wahl

---
[1]) Ein merkwürdiger Zufall wäre dann allerdings der völlig analoge Gebrauch in Delphi, siehe 2) c.

des Tempus nähere Beachtung geschenkt. Oder dürfen wir vielleicht den ungenauen Tempusgebrauch ἐβάcοντι dem auch sonst weniger sorgfältigen späteren Graveur auf der Rückseite zuschreiben, der auf der Vorderseite das richtige ἡϐόντι der Vorlage stehen ließ? Vgl. K. Meister IF. 18, 77 [1]).

Soviel lehrt jedenfalls das vorgebrachte Material, daß wir uns hüten müssen, in solchen konjunktiv. und optativ. Sätzen von Fall zu Fall entscheiden zu wollen, warum hier Präsens, dort Aorist steht, damit wir nicht Gefahr laufen, mehr aus den Tempora herauszulesen, als die Griechen selbst damals in sie hineinlegen wollten. Dasselbe wird sich uns für die imperativischen Ausdrücke ergeben.

§ 32. 4. Abgesehen wurde in der bisherigen Behandlung davon, daß in den konjunktiv. und optativ. Nebensätzen Präsens und Aorist etwa die Zeitstufe wiedergeben könnten; es ist von verschiedenen Seiten genugsam darauf hingewiesen worden, man dürfe sich nicht durch das Lateinische und durch unser deutsches Sprachgefühl zu der Meinung verleiten lassen, daß im Griechischen in diesen Sätzen auch durch Präsens und Aorist Gleichzeitigkeit und Vorzeitigkeit ausgedrückt werde; es werde dieser Anschein nur dadurch erweckt, daß die punktuelle (aoristische) Aktion ein Nebeneinandergehen der Handlungen in Haupt- und Nebensatz ausschließe, während umgekehrt die durative (präsentische) Aktion die Gleichzeitigkeit involviere. So erklärt es sich auch auf Grund der Aktionsarten, daß bestimmte Temporalpartikel gerne mit bestimmten Tempora verbunden werden: ἇc κα z. B. 'solange als' involviert seinem Inhalte nach eine dauernde Handlung, so finden wir es denn mit dem Präsens verbunden; dagegen verlangen αἰ κα und ἀφ' ἇc κα eine momentane Handlung und zwar je nachdem eine ingressive, z. B. 5040, 68 ἀφ' ἇc κα ἀμέραc ἐπιcτᾶντι ... 'von da ab, wo sie eintreten' oder eine resultative, z. B. 5015, 25 ἀφ' ᾧ κ' ἀποcτᾶντι 'von da ab, wo sie niederlegten': Konjunktionen mit der Bedeutung 'bis' bezeichnen auch gewöhnlich Eintritt oder Endpunkt einer Handlung, sind

---

1) Umgekehrt übrigens nennt Delbrück Grundl. d. griech. Syntax p. 110 an unserer Stelle den Aorist 'schriftgemäßer', da er nämlich die Worte auffaßt als 'fünf Jahre, nachdem sie volljährig geworden sind', was aber, wie wir sahen, nicht angeht. R. Meister dagegen gibt in seiner Übersetzung Ber. d. sächs. Ges. d. Wiss. 1896, p. 268 dem ἡϐόντι entspr. 'wenn sie fünf Jahre mannbar sein werden'.

daher vorzugsweise mit dem Aorist verbunden, so Tab. V 34 πρίν κα δάττονται, I 9, 31 πρίν κα λαγάcει, 5149, 39 μέcτα κα … ἐπιτελεcθῆι καὶ ἀγγραφῆι, sie können aber auch mit dem Präsens verbunden werden: Tab. VII 40 πρείν κ' ὀπυίει, XII, 31 πρίν κ' ὀπυίεται, 4986, 15 πρὶν μόλῆθθαι: ὀπυίεν und μόλεν schließen eben, wie wir unten § 54 sehen werden, präsentische Aktion in sich, und die wird auch nach πρίν beibehalten [1]).

In Finalsätzen ist selbstverständlich von Zeitstufe keine Rede: oben hatten wir ja die für die Aktionsarten so lehrreiche Stelle aus Magnesia (Kern Nr. 98) 10 ὅπωc … ἀγοράcωcιν καὶ … ἀγοράζωcιν. Die Fälle auf unseren Inschr. (alle junger Zeit angehörend) bieten nichts besonderes: wir finden, entsprechend seiner durativen Natur ὅπωc (und ἵνα) ὑπάρχηι präsentisch, dagegen momentane Handlungen ὅπωc … καρυχθῆι … ἀγγραφῆι usw. im Aorist.

§ 33. Ursprünglich hatten also die Konjunktive und Optative dieser Nebensätze mit der Zeitstufe nichts zu tun: gewiß aber ist es, daß in der historischen Gräzität der Begriff der Zeitstufe von den indikativischen auch in die modalen Formen eindrang: zu welcher Zeit das geschah, ist schwer zu bestimmen: denn da wie gesagt, die Aktionsart die Zeitstufe involviert, so ist nur in seltenen Fällen zu entscheiden, ob die Zeitstufe das Sekundäre ist oder nicht: so könnte z. B. jemand bei den unter 1. behandelten Fällen (Schema: ποιείτω … αἰ δέ κα μὴ ποιήcηι) behaupten, hier gehe der Aorist nicht den bestimmten Einzelfall wieder, sondern bedeute 'wer es aber doch getan hat' wie das latein. *si quis fecerit* — und wir können ihm durch nichts das Gegenteil beweisen. Eine unbeholfen stilisierte Stelle der Tafeln von Gortyn aber läßt uns erkennen. daß in der Zeit, wo sie abgefaßt wurden, die Konditionalsätze nichts von Zeitstufe enthielten: Tab. X 40 καὶ μέν κ' ἀνέλεται πάντα τὰ κρέματα … ἀναιλέθαι αἴπερ … ἔγραπται 'wenn (der Adoptierte) das ganze Vermögen (zu Erbe) annimmt … so soll er (zu Erbe) annehmen, wie es geschrieben steht' …: hier ist bei der inhaltlichen Koinzidenz von Haupt- und Nebensatz die Vorzeitigkeit völlig ausgeschlossen, und doch steht der Aorist gegenüber dem Präsens ἀναιλέθαι: er ist nur vermöge der Aktionsart zu erklären: vielleicht ingressiv 'wenn er die Erb-

---

[1]) Literarisch tritt übrigens der Konj. Präs. erst spät auf, vgl. Sturm Geschichtl. Entwicklung d. Konstruktionen mit πρίν; Schanz' Beiträge I p. 215 ff.

schaft antritt —, soll er in der Weise Erbe sein, wie ...'. Es ist also unrichtig, wenn nach Baunack S. 79 auf den T. v. G. αἰ (κα) cum Optat. (Coni.) Präs. dem latein. *si* cum Futuro I, αἰ (κα) cum Optat. (Coni.) Aor. dem latein. *si* cum Fut. II entsprechen soll. — Um der Zeitstufenfrage einen gewissen Abschluß zu geben, seien gleich hier ein paar Worte angefügt, die an anderer Stelle aus dem Zusammenhange fallen würden. Am frühesten drang der Begriff der Zeitstufe ein, wenn von einem Verbum declarandi oder sentiendi ein Infinitiv abhing; begreiflicherweise, denn hier ist der Infinitiv der Reflex der direkten (indikativ.) Rede (s. Delbrück Grundriß IV S. 472): Beispiele solcher Abhängigkeit sind auf unseren Inschr. nur spärlich; vgl. die von πονέο und ἀποπονέο abhängigen Infinit. 4986, 18; 4999 II 4; 4986, 10; Tab. 1 18; II 55, II 36: sie lassen es unentschieden, ob wir Zeitstufe vor uns haben oder nicht: zwei Fälle aber auf den Tafeln von Gortyn bedürfen besonderer Behandlung. Der eine scheint das Eindringen der Zeitstufe zu beweisen: Tab. III 12 αἰ δέ κ' ἀλλόττριος cuνεcάδδει, δέκα cτατέρανc κατατacεî, τὸ δὲ κρέιος διπλεî ὅτι κ' ὁ δικαcτὰc ὀμόcει cuνεccάκcαι 'wenn ein Fremder mit ausräumt, soll er 10 Stat. zahlen und die Sache doppelt, von der der Richter schwört, daß er sie mit ausgeräumt habe'; denn der von ὀμόcει abhängige Infin. Aor. cuνεccάκcαι (dem Coni. Präs. cuνεcάδδει gegenüber) wird wohl nichts anderes bedeuten als die Vergangenheit: in direkter Rede würde es heißen 'ich schwöre, er hat mit ausgeräumt' (Indic. Aoristi), und so mag vielleicht auch in II 44 ὀμόcαι ... μοικίοντ' ἐλέν, δολόcαθθαι δὲ μέ 'er soll schwören, er habe ihn beim Ehebruch ertappt, habe ihn aber nicht mit List in eine Falle gelockt' Zeitstufe stecken. — Eine andere Stelle I 11 hingegen αἰ δ' ἀννίοιτο μὲ ἄγεν 'sollte er leugnen, ihn (den Sklaven) weggeführt zu haben' zeigt klar und deutlich, daß von Zeitstufe hier nicht die Rede sein kann: das Präsens gibt die Aktionsart wieder, die bei ἄγω, wie wir § 55 sehen werden, in der Tat präsentischer Natur ist.

So liegt also dafür, daß die Zeitstufe auf den Tafeln von Gortyn in konjunktivische Konditionalsätze und in die abhängigen Infinitive, die die direkte indikativische Rede vertreten, noch nicht eingedrungen ist, je ein Beispiel vor; ob überhaupt und inwieweit sonst in diesen Sätzen auf den Tafeln von Gortyn durch die Tempora das zeitstufliche Verhältnis ausgedrückt wird, läßt sich, wie gesagt, nicht kontrollieren und entscheiden.

b) Imperativ und imperativischer Infinitiv des Präsens
und des Aorists.

§ 34. Die überwiegende syntaktische Form der Hauptsätze in den Inschr. ist die imperativische und die infinitivische; die Inschr. sind eben in älterer wie jüngerer Zeit zumeist Gesetze und Dekrete. Der Begriff der Zeitstufe fällt hier natürlich von vornherein weg, die Tempusunterschiede sind Aktionsunterschiede, wie es schon deutlich und ausführlich Apollonius Dyscolus Περὶ cυντάξεωc III, 24 an einigen Beispielen (z. B. γράφε und γράψον) durchführt[1]). Inwieweit diese Aktionsunterschiede am inschriftlichen Materiale sich noch erkennen lassen, soll im Abschnitt 1 und 2 dargelegt werden (und zwar werden in 1 a u. b einige speziellere Fälle vorgebracht, während sich 2 mit der großen Masse der Infinitive und Imperative beschäftigt), um dann in Abschnitt 3 zu zeigen, wie auch beim Imperativ die bewußte Empfindung der Tempusunterschiede neben ihrer Vernachlässigung hergeht.

1. a) § 35. Meisterhans gibt S 88, 16 und 20 aus attischen Inschriften Belege dafür, daß Imperativ und imperativ. Infinitiv. Praesentis mehrfach den eine Haupthandlung begleitenden Nebenumstand ausdrücken wie z. B. εἰcπραξάντων αὐτοὺc οἱ ᾑρημένοι cυνειcπραττόντων δὲ αὐτοὺc καὶ οἱ cτρατηγοί. Auf gleiche Weise erklärt es sich, daß wir Tab. IV 37 .. λανκάνεν (imperativ.) im Präsens lesen, einige Zeilen nachher Z. 47 aber λακέν, und ebenso aoristisch Tab. III 29: IV 39 heißt es nämlich τὰ δ' ἄλλα κρέματα πάντα δατêθθαι καλôc, καὶ λανκάνεν τὸc μὲν υἱὺνc ... δύο μοίρανc Fέκαcτον, τὰδ δὲ θυγατέρανc ... μίαν μοίραν Fεκάcταν "das übrige Vermögen soll insgesamt in angemessener Weise geteilt werden, und zwar sollen die Söhne ... je zwei Teile, die Töchter ... je einen Teil erhalten", λανκάνεν also ist die ausführende Nebenbestimmung zur Hauptbestimmung δαττêθθαι πάντα. Es mögen hier einige Beispiele aus Inschriften anderer Dialekte angeführt sein, in welchen der (imperativ.) Infinitiv. Praesentis als Ausdruck einer die Haupthandlung begleitenden und ausführenden Nebenhandlung auf das deutlichste hervortritt: Tab.

---

1) Wegen des Neugriechischen vgl. Thumb Handbuch d. neugriech. Volkssprache § 144, wonach hier zwischen γράψε μου μιὰ φορά ˙schreib mir einmal' und γράφε μου κάθε μέρα ἕνα δελτάριο ˙schreib mir täglich eine Postkarte' noch scharf geschieden wird.

[37] Gebrauch d. Tempora u. Modi in d. kret. Dialektinschriften (§ 34—36). 17

Heracl. I 126 τὼc πεφυτευκότας ἀγγράψαι ἐc δόγμα, ἀνγράφεν δὲ hόccα κα πεφυτεύκωντι: das heißt "sie sollen die Leute aufschreiben, die gepflanzt haben, speziell sollen sie aufschreiben, wie viel sie gepflanzt haben", die letztere ausführende Bestimmung enthält gerade das Wichtige, denn es soll ja konstatiert werden, ob die Leute die vorgeschriebene Anzahl (s. Z. 114 ff.) von Bäumen gepflanzt haben[1]): es folgt dann weiter die Hauptbestimmung ἂν αὐτὰ δὲ τὰ καὶ εἴ τινέc κα μὴ πεφυτεύκωντι κὰτ τὰν cυνθήκαν, ἀγγραψάντω. Ebenso heißt es Korkyra 3206 Z. 44 ἐλέcθαι δὲ τὰν βουλὰν τοὺc ... τρεῖc εἰc ἐνιαυτόν ... und im Anschluß daran gleich die ausführlichere Bestimmung über den Wahlvorgang präsentisch αἱρεῖcθαι δὲ ἑκάcτου ἐνιαυτοῦ μηνὸc Μαχανέοc ἐμ βουλαῖ ἢ ἁλίαι. Ein attisches Beispiel alter Zeit findet sich auf der Kodrosurkunde C. I. Att. IV 1, 2 Nr. 53a. (Jahr 418/417) = Ditt. 550: gleich zu Anfang wird allgemein die Verpachtung des τέμενοc bestimmt Z. 5 μιcθôcαι τὸ τέμενοc κατὰ τὰc cυγγραφάc; gegen Schluß der Inschr. wird erst ausgeführt, auf welche Weise die Verpachtung im einzelnen vorzunehmen ist Z. 29 μιcθὸν δὲ τὸν βαcιλέα τὸ τέμενοc τô Νηλέοc καὶ τêc Βαcίλêc κατὰ τάδε.

§ 36. Genau in denselben Funktionen wie hier der Imperativus (Infinitivus) des Präsens neben dem des Aorists gebraucht wird, treten die indikativischen Formen des Aorist- und Präsensstammes, Indic. Aoristi und Imperfecti, nebeneinander auf; ich meine Fälle wie auf der Damononstele (um 400) 4416, wo es zu Anfang zusammenfassend heißt τάδε ἐνίκαhε Δαμόνον, in der folgenden ausführlichen Aufzählung der einzelnen Agone aber steht fünfmal das Imperfektum ἐνίκε. 12 καὶ Ποhοίδαια Δαμόνον ἐνίκε, 24 κὲν Ἀριοντίαc ἐνίκε Δαμόνον etc.; am Anfang des verstümmelten zweiten Verzeichnisses derselben Inschr. lesen wir noch Z. 35 τάδε ἐνίκαhε Ἐνύμα ... wieder zusammenfassend. Vielleicht erklärt sich auf diese Weise auch der Wechsel zwischen Aorist und Imperfekt auf der Söldnerinschr. von Abu-Simbel (7. oder Anf. 6. Jahrh.): am Anfang zusammenfassend a 2 ταῦτα ἔγραψαν, τοὶ cὺν Ψαμματίχōι τôι Θεοκλêοc ἔπλεον und dann ausführend die einzelnen mit Namenangabe Z. 5 ἔγραφε δ' ἀμὲ

---

1) Also ungenau 'ils inscriront ... les noms ... et le nombre'. Dareste-Haussoullier-Reinach Inscript. jurid. I No XII. das wäre ἀγγράφεν δὲ καὶ hόccα ... πεφυτεύκωντι, aber das ἀγγράφεν ist dem ἀγγράψαι nicht bei-, sondern untergeordnet.

Ἄρχον ... καὶ Πέλεψος ... Τέλεφος μ' ἔγραφε[1]). Beispiele finden sich übrigens nicht selten auch in der Literatur, z. B. Herodot II 175 οἴκημα μουνόλιθον ἐκόμιςε ἐξ Ἐλεφαντίνης πόλιος, καὶ τοῦτο ἐκόμιζον μὲν ἐπ' ἔτεα τρία, δισχίλιοι δὲ κτλ. Das ist ganz analog dem ἀνγράψαι—ἀνγράφεν δὲ ..., ἑλέσθαι—αἱρεῖσθαι δὲ etc. gesprochen: der Präsensstamm hat eben gegenüber dem einfach referierenden und konstatierenden Aoriststamm die Aufgabe des Schilderns und näheren Ausführens[2]).

b) § 37. Im gortynischen Recht besteht die Hauptfunktion des δικαστάς (neben dem κρίνειν), seinem Namen entsprechend, im δικάζειν. Dieses Verbum begegnet auf den Tafeln von Gortyn bald im Präsens, bald im Imperativ (oder imperativischen Infinitiv) des Präsens, bald des Aorists; so heißt es gleich auf der ersten Tafel Z. 20 δικάδδεν und nachher Z. 28 δικακσάτο, und so fort durch das Gesetz. Man scheint die Abwechslung bisher für willkürlich gehalten zu haben: VII 45 nämlich ist eine Lücke gerade so eingetreten, daß man der Buchstabenzahl nach δικ[αδδέ|τό oder δικ|ακσά|το zu ergänzen die Möglichkeit hat, sodaß die Herausgeber sich also wohl oder übel entscheiden mußten; die einen wählten δικ|ακσά|τό (und zwar die älteren Editoren, die Baunacks, Fabricius, Merriam, Miroschnikoff etc.) die anderen (die neueren, nämlich Blass, Solmsen, Comparetti, auch Bücheler) das Präsens — ohne Angabe eines inneren Grundes; Bücheler bemerkt dazu nur (S. 31 Anm. 45) 'häufiger ist das Präsens' und Blass 'oder δικ|ακσά|το wie Andre; es kommt beides vor.' Wir werden sehen, daß wir mit großer Wahrscheinlichkeit die alte Ergänzung δικ|ακσά|τό wieder einzusetzen haben. Vergleichen wir nämlich die Stellen, wo das Präsens steht:

I 20 αἰ μέν κα μαῖτυς ἀποπόνει, κατὰ τὸν μαίτυρα δικάδδεν, IX 30 ὁ δὲ δικαστὰς δικαδδέτό πορτὶ τὰ ἀποπονιόμενα, IX 50 δικαδδέτό πορτὶ τὰ ἀποπόνιόμενα, XI 27 ὅτι μὲν κατὰ μαίτυρανς ἔγρατται δικάδδεν ἕ ἀπ' ὁμότόν (nicht ἀπόμοτον, vgl. Philologus XVII 1904 S. 477) δικάδδεν ᾦ ἔγρατται
mit den aoristischen:

I 5 δικακσάτο λαγύσαι ἐν ταῖς τρισὶ ἀμέραις, I 28 δικακσάτō

---

1) Eine andere Erklärungsweise siehe unter Imperfekt § 13.
2) In diesem Zusammenhang mag es auch gehören, wenn nach Hultsch Abhandl. d. sächs. Ges. d. Wissensch. phil.-hist. Klasse 13 (1898) p. 25, Polybius zur Wiedergabe der Haupthandlungen den Aorist verwendet.

νικὲν τὸ μὲν ... πεντέκοντα cτατέρανc .... III 6 δικάκcαι τὰν ‧γυναῖκ' ἀπομόcαι τὰν Ἄρτεμιν ..., V 31 δικάκcαι τὸν δικαcτὰν ἐπὶ τοῖλ ... ἔμέν τὰ κρέματα (XI 47 ὁ δικαcτὰc ὅρκον αἲ κα δικάκcει), so springt der Unterschied sofort in die Augen, in den präsentischen Fällen steht δικάδδεν absolut, ohne einen abhängigen Infinitiv, der den Inhalt des δικάδδεν angäbe, in den aoristischen Fällen ist der Urteilsinhalt in einem von δικάζειν abhängigen Infinitivsatze hinzugefügt: der Richter hat "formell für den konkreten Fall die abstrakt (im Gesetze) normierte Rechtsfolge ... auszusprechen" (BZ. S. 71), er ist angewiesen auf Freigebung I 5, auf eine Geldbuße I 28, auf Eid III 5, XI 47, auf Besitzeinweisung V 31 zu erkennen: in den präsentischen Beispielen heißt es nur, daß der Richter auf das zu urteilen hat, was die Zeugen aussagen (ποpτὶ τὰ ἀποπωνιόμενα, κατὰ μαίτυρανc).

§ 38. Die Scheidung der Fälle ist glatt: eine bisher nicht erwähnte Stelle aber scheint sich nicht einfügen zu wollen, IX 37 ἒ δέ κ' ἀποϜείποντι, δικαδδέτō ὀμόcαντα (Stein: ὀμοcαcτα) αὐτὸν καὶ τὸνc μαίτυρανc νικέν τὸ ἀπλόον, denn hier steht Präsens trotz des beigefügten Urteilsinhaltes νικέν. Über die Einzelerklärung und den Gesamtsinn dieses Satzes sowie des ganzen Passus Tab. IX 24—40 ist man sich noch nicht einig. Früher (Baunack, Fabricius usw.) las man, wie der Stein auch nach der erneuten Lesung Halbherrs gibt, ὀμόcαc τὰ ...; jetzt haben die Herausgeber (Blass, Dareste, Solmsen) die Änderung von Bücheler ὀμόcα(ν)τα angenommen. Phonetisch ist sie, wie Bücheler es nach seiner Andeutung 'kret. ὀμόcανc' S. 35 Anm. 38 anzunehmen scheint, aber nicht nötig; so findet sich Einbüßung des Nasals in der Nominativendung des Partizipiunus auch IX 21 ὀμνὺc κρινέτō (siehe Baunack S. 26): andererseits aber hat ὀμόcα(ν)τα eine schwere, syntaktische Härte zur Folge, denn wir müssen es nun hinnehmen, daß von den zwei durch καὶ verbundenen Gliedern αὐτὸν und μαίτυρανc nur das erstere Subjekt zu νικέν sein soll, das letztere dagegen völlig in der Luft hängt: δικαδδέτō ὀμόcαντα αὐτὸν καὶ τὸνc μαίτυρανc νικέν τὸ ἀπλόον zu übersetzen mit 'soll er urteilen, daß schwöre er selbst und die Zeugen und ersiege das Einfache' (Bücheler) oder 'sentenzi il giudice che colui (il reclamante), quando abbia giurato coi testimoni, vince il semplice' (Comparetti) erscheint mir sprachlich kaum möglich. Nehmen wir nun hinzu, daß auf Grund unserer obigen Scheidung νικέν von präsentischem δικαδδέτō direkt nicht abhängen darf, so ließe sich etwa folgender Vorschlag machen, der alle diese Bedenken behebt: man behält ὁμόcαc τὰ αὐτῶν bei und setzt vor καὶ ein Komma und gelangt zu der Auffassung 'der Richter soll urteilen ... und zwar ⟨soll er urteilen⟩, daß ...': καὶ in dieser ausführenden Bedeutung ist eine auf Inschr. geläufige Wendung, auch auf den Tafeln lesen wir z. B. IV 39 τὰ δ' ἄλλα ... πάντα δατέθθαι καλôc. καὶ λανκάνεν τὸc ... 'sie sollen alles schön teilen. und zwar soll erhalten ...': daß die imperativische und infinitivische Ausdrucksform in demselben Hauptsatze sich abwechseln, ist der auf den Tafeln geläufige Gebrauch vgl. z. B. XI 10 αἰ δέ κα λêι ...., ἀποϜειπάθθō ...., ἀνθέμεν δὲ ... 'er mag sich lossagen, soll dabei aber deponieren...'[1]. Schließlich könnte man sogar vor καὶ ein stärkeres Interpunktionszeichen setzen, sodaß καὶ ... τὸνc ... νικêν τὸ ἀπλόον ein Sätzchen für sich bildete, doch wäre das καὶ dann schon ungewöhnlicher.

Über die weiteren sachlichen Konsequenzen dieser Auffassung wage ich bei der Schwierigkeit der ganzen Stelle nichts Sicheres zu entscheiden: zwei Begriffe nämlich können in dem kurzen Satze, je nach dem man sie versteht, den Sinn jeweilig direkt umkehren: ἀποϜειπεῖν kann bedeuten 'bejahend aussagen' und 'versagen, nicht aussagen', νικεν kann heißen 'ersiegen, gewinnen' (νικêν von νικάω) und 'bringen, bezahlen' (νικέν, vgl. R. Meister, BB. 10, 140); durch Kombination dieser Auffassungen kann man den verschiedensten Sinn herausbringen. Am natürlichsten erscheint es, daß, wenn ein Verstorbener Schulden irgendwelcher Art hinterläßt (Z. 24 ff. fünf Schuldarten), die Erben dafür aufkommen: die ἐπιβάλλοντες μαίτυρες also (das sind in diesem Falle 'die Erbberechtigten' vgl. den Kommentar von Comparetti und B. Z. S. 171) haben an Stelle des verstorbenen Schuldners dem klagenden Gläubiger die Schuldsumme (einfach) zu zahlen — so mag wohl unsere Stelle heißen 'wenn, sobald sie (die ἐπιβάλλοντες μαίτυρες) im bejahenden Sinne ausgesagt haben, soll der Richter, nachdem er ihre Aussage beschworen hat, urteilen, und zwar sollen die μαίτυρες (Erben) das Einfache der (Schuld-)Summe zahlen.' δικαδδέτō ὀμόcαc τὰ αὐτὸν können wir entsprechend dem δικαδδέτō πορτὶ τὰ ἀποπōνιόμενα (Z. 30 und 50 derselben Tafel IX) fassen als 'ihre Aussagen beschwörend'.

---

1) Über den völlig gleichwertigen Gebrauch des Imper. und Infin. namentlich in jüngerer Zeit vgl. unten.

τὰ αὐτὸν kann aber auch zu δικαδδέτō gezogen werden (vgl. XI 27 eine ähnliche Verbindung von δικάδδεν): jedenfalls bleibt der Ausdruck τὰ αὐτῶν verwunderlich. Eine andere Interpretation schlug mir Herr Prof. B. Keil vor: es ist bei der Stelle zu beachten, daß ὀμόcαc bei δικαδδέτō steht. Die Zeugen 'verweigern' ihre Aussagen, ihren Eid (dann also ἀποϜειπεῖν in diesem Sinne). Dafür tritt nun wie bei der νίκα, der 'im Prozeß verlorenen Summe' Z. 31—32 der Eid des Richters ein. Er schwört, was sie zu schwören haben. Sie werden den Eid versagen, wenn sie durch ihn geschädigt werden würden, also schwört der Richter in dem ihnen ungünstigen Sinne: er soll das Urteil sprechen, nachdem er, was ihre Aussage sein müßte, schwur, und dann sollen sie nur das einfache Objekt zahlen (νικέν): eigentlich hätten sie Strafe verdient, weil sie durch Eidverweigerung hinterziehen wollten. Das ἀπλόον hat nur in dem Falle Sinn, daß mehr gezahlt werden müßte oder könnte: das ist aber bei einfacher Schuldeintreibung unmöglich. Es muß ein Vergehen möglich gewesen sein.

§ 39. Wie immer wir aber auch diese Stelle verstehen mögen: unsere Unterscheidung, die wir für 10 Fälle zutreffend fanden, wird durch diese textlich und inhaltlich so unsichere Stelle, die eventuell widersprechen könnte, nicht umgestoßen — namentlich da wir für sie noch Analogien auf Kreta und in anderen Dialekten finden werden. Also haben wir an der Stelle, von der wir ausgingen, VII 45 δικ|ακcά|τō gegen die letzten Herausgeber zu ergänzen: denn ὀπυίεν, die Inhaltsangabe des Urteils, steht dabei. Auf der Halbherrschen Kopie (bei Comparetti) scheinen mir auch die Spuren auf δικακcάτō noch hinzuweisen: an dritter Stelle der Lücke steht unverkennbar ⸗ | ⸗ wie von einem Μ(Σ), bei einem Δ wäre die mittlere Spur nicht zu erklären; an zweiter Stelle der Lücke, weniger deutlich, erscheint der Rest eines senkrechten Striches auf der Zeile, der auch für Δ unerklärlich wäre, nicht aber für Κ.

§ 40. Doch bei der juristischen Scheidung von δικαδδέτō und δικακcάτō dürfen wir nicht stehen bleiben: der innere Grund dieses Wechsels ist allgemeinerer Natur, und die Wahrscheinlichkeit der für eine immerhin geringe Anzahl von Fällen aufgestellten Trennung kann nun durch Nachweis von Analogien in Kreta und anderwärts gehoben und gesichert werden. Das Präsens nämlich steht, wenn die Handlung unbestimmter, all-

gemeiner Natur ist (in unserem Falle also schlechthin 'er soll auf die Zeugenaussagen hin urteilen'), der Aorist hingegen, wenn die auszuführende Handlung durch einen Zusatz näher bestimmt wird (bei δικακcάτō also durch Hinzufügung des Urteilsinhalts 'er soll urteilen, daß das und das geschehen soll').
Auf attischen Inschr. (hauptsächlich des 4. und 3. Jahrh.) wird häufig den ἄρχοντες das ἐπιμελεῖcθαι, die Fürsorge für irgend etwas, zugewiesen; wir finden imperativisch bald ἐπιμελεῖcθαι, bald ἐπιμεληθῆναι, und zwar das Präsens, wenn der Auftrag kein bestimmter ist, meist mit den Zusätzen ἐάν του δέηται o. ä. ('sie sollen im Notfalle für ihn sorgen'), Aorist aber, wo es sich um die Besorgung eines bestimmten Auftrags handelt, was jedesmal durch den abhängigen Genetiv ausgedrückt wird: ἐπιμεληθῆναι τῆc ἀναθέcεωc, ποιήcεωc usw. (Meisterhans S. 215 A. 1917). Die Analogie dieses attischen Gebrauches zu δικαδδέτō—δικακcάτō ist schlagend; er gibt auch einen weiteren Fingerzeig zur Erklärung dieses Tempusgebrauchs: bei präsentischem ἐπιμελεῖcθαι ist der Auftrag meistens nicht an die Behörden des bestimmten Jahres, sondern an die jeweiligen (ἀεὶ ἄρχοντες) gerichtet, und so mögen wir denn auch das Präsens in δικαδδέτō und in den übrigen für unsere Gebrauchsweise noch anzuführenden Fällen auffassen: mit der Vorstellung des Unbestimmten, Allgemeinen verbindet sich leicht die des jeweiligen, iterativen; durch die näheren Zusätze dagegen wird der Fall spezialisiert; daß dann der Aorist am Platze ist, dafür boten die konjunktiv. und optativ. Nebensätze schon reichliche Belege (vgl. S. 21 f.)¹).

Wie sich dieser Gebrauch auch in den Konditionalsätzen wiederspiegelt, erkannten wir oben § 23 ff. 2. a) b) c) d). Viel-

---

1) In anderen Dialekten — ἐπιμελεῖcθαι wird allerorten gebraucht, im Dorischen, Ionischen, Achäischen — scheint Präsens und Aorist auf diese Weise nicht geschieden worden zu sein. -- Kalymna 3570 ff. stets Aorist und Genetiv, bei einmaligem Präsens 3568. 11 ἐπι]μελεῖ[cθαι ist leider der Satzzusammenhang zerstört. In den Inschr. von Priene häufiger aoristisch ἐπιμεληθῆναι τῆc ἀναγγελίαc (s. d. Stellen im Index der Inschr. von Priene 1906), nur Nr. 4 der Sammlung Z. 34 τῆc δὲ ἀναγγελίαc ἐ[π]ι[μελε]ῖ[c]θαι: wäre nicht das zweite Jota anscheinend intakt überliefert, würde wohl ohne Zweifel ἐπιμεληθῆναι zu ergänzen sein, zumal die aoristischen Infinitive ϲτεφανῶcαι 29 und ἀναγγεῖλαι 31 vorausgehen, und wie es ja auch im zweiten Dekret derselben Stele an der genau entsprechenden Stelle heißt. Notwendig dagegen und zu erwarten ist das Präsens Nr. 18, 12 τῆc .. καταcκευῆc .... ἐπιμελεῖcθαι τοὺς ἐνεcτῶταc ἀεὶ ϲτρατηγοὺc wegen der Wiederholung der Handlung (s. § 41).

leicht ist durch ihn auch das einmalige κρῖναι neben achtmaligem κρίνεν (κρινέτō) auf den Tafeln von Gortyn zu erklären, darüber vgl. Anm. 4 im Anhang.

An δικάζειν selbst läßt sich die Erscheinung nicht verfolgen; auf alten kretischen Inschr. findet sich außerhalb der Tafeln noch 4999 (nördl. Mauer Gortyn) II 12 (τὸι δὲ τᾶν ἑταιρηιᾶν δικαccτᾶι κōc κα τὸν ἐνεκύρον δικάδηι, αἰ αὐταμέριν δικάκcαι . . . (ἄπατον ἤμην), ein schönes Beispiel für den Gegensatz der durativen und momentanen Aktion 'wer in betreff Pfandsachen Richter ist, wenn er richtet . . .'. aber nicht für unsere Gebrauchsweise. Comparettis |δικαδδέτο| II 1 derselben Inschr. ist zu unsicher und 5025 (Gortyn, jung) 13 δικαδδέθθω und 18 δικαδδόντων zu fragmentarisch, um ein Urteil zuzulassen.

2. a) § 41. Die in 1. a) und b) aufgestellten Gebrauchsarten erklären nur eine beschränkte Anzahl von Fällen: es fragt sich, ob sich für die langen Reihen von Imperativen und imperativischen Infinitiven, die uns vor allem auf jüngeren Inschr. — in buntem Wechsel von Präsens und Aorist — entgegentreten, eine Ratio dieses Tempuswechsels finden läßt. Den Schlüssel gewinnen wir wieder, indem wir zunächst beobachten, in welcher Weise der präsentische und der aoristische Imperativ des gleichen Verbums auf derselben Inschr. nebeneinander verwandt wird: Hiarapytna 5040 (3. oder 2. Jahrh.) lesen wir Z. 59 οἱ κόcμοι . . . (ποιηcάcθων) . . . καὶ τὸc ἐγγύοc καταcταcάντων und gleich darauf οἱ . . . κόcμοι . . . (cτανυέcθων) . . . καὶ ἐγγύοc καθιcτάντων, den Unterschied macht der Inhalt klar: im ersteren Falle haben das die κόcμοι des einen bestimmten Jahres, in dem der Vertrag geschlossen wurde, οἱ cὺν Ἐνίπαντι καὶ Νέωνι, zur einmaligen und sofortigen Erledigung der noch strittigen Rechtsfälle (τῶν προγεγονότων παρ' ἑκατέροιc ἀδικημάτων) zu tun — da steht der Aorist —, im zweiten dagegen haben die jeweiligen κόcμοι οἱ· ἐπιcτάμενοι κατ' ἐνιαυτόν, bei allen etwaigen künftigen Streitigkeiten (ὑπὲρ τῶν ὑcτερον ἐγγινομένων ἀδικημάτων) also 'in Zukunft jedesmal' die Bürgen zu stellen — da steht das Präsens; Parallelen finden sich allerwärts: vgl. wie scharf auf attischen Inschr. auch noch des 3. und 2. Jahrh. das einmalige ἀναγράψαι, cτεφανῶcαι, νεῖμαι usw. von dem ἀναγράφειν, cτεφανοῦν, νέμειν usw. der jeweiligen Behörden (ἀεὶ ἄρχοντεc) geschieden wird (Meisterhans § 88, 12 und 18 mit den Anmerkgn.); ebenso I. G. IV (Argos, schon ohne Dialekt, 3. oder 2. Jahrh.), 36 τὴν δὲ

ἐπιμέλειαν εἰc τὴν παραcκευὴν τοῦ cτεφάνου ποιηcάcθω ὁ γραμματεὺc Ἀριcτοκλῆc (also der eine, bestimmte). καὶ οἱ ἄρχοντεc οἵ τε νῦν καὶ οἱ ἀεὶ καταcταθέντεc καὶ ὁ ἀεὶ γραμματεὺc ποιείcθωcαν τὴν ἐπιμέλειαν ... ὅπωc ... (der jeweilige γραμματεύc). Was wir also hier, da es sich jedesmal um dasselbe Verb handelt, unmittelbar fassen können, das gilt im allgemeinen (falls nämlich nicht eine Ausnahme direkt zu konstatieren ist, s. den folgenden Abschnitt § 43 f., oder falls nicht die Tempusunterschiede schon verwischt sind, s. Abschnitt 3, § 45 ff.) für die Reihen der Imperat. und imperat. Infin. überhaupt: Bestimmungen dauernder Natur oder deren Ausführung wiederholt werden soll, stehen im Präsens, solche die sofort und nur einmal ausgeführt werden sollen, im Aorist. So finden wir in dem umfangreichen Vertrage zwischen Hiarapytna und Rhodus 3749 (3. oder 2. Jahrh.?) zunächst die einmaligen Verfügungen aoristisch 1—7 (εὔξαcθαι— ποιήcαcθαι), dann was κυρωθείcαc τᾶc cυνθήκαc für immer gelten soll, in dem eigentlichen Vertrag, Z. 7—87 im Präsens, und schließlich was κυρωθείcαc τᾶc cυνθήκαc sofort zu geschehen hat (ἑλέcθω ... παραχρῆμα ... ὁρκιξάντων etc.) 87—102 wieder im Aorist (so erklärt sich das verschiedentliche διδόντων im mittleren gegenüber dem δόντων im Schlußteil Z. 99, vgl. dazu διδόμεν und δόμεν in der delphischen Inschr. bei B. Keil, Hermes 32, 1897 S. 402 oben); ebenso in Halasarna (Kos) 3705 die sakralen Vorschriften durchgehend präsentisch: ἀπογραφόντω—προκαρυccόντω—καταχρηματιζόντω usw. gegenüber dem, was einmal und gleich geschehen soll ἀνγραψάντω ... ἀπολογιcάcθων usw. am Schluß 98 ff. Die Ehrungen, die das kretische Aptara für den König Attalos beschließt 4942 (2. Jahrh.), scheiden sich in einmalige b 6. cτεφανῶcαι—ἐπιμελὲc γενέcθω ... und solche, die für die Zukunft ihre Gültigkeit behalten ἦμεν δὲ ... ἀcυλίαν ... ἀcφάλειαν ... καὶ ἐν πόλι καὶ ἐν τοῖc λιμένοιc καὶ ξενολογῆcθαι καὶ ὁρμίζεcθαι καὶ αὐτῶι καὶ τοῖc ἐκγόνοιc, καὶ τὰ λοιπὰ ὑπάρχειν ... Und wir dürfen auch vermuten, daß die auffällig vielen präsentischen Imperative 5013 Col. II (Gortyn) προφερόντων—κρινόντων κἠπιδικαδόντων καὶ πραδόντων καὶ cυναπογραφόντων ... καταδικαδόντων καὶ κατομνύντων ... καὶ Fηρόντων einer (privatrechtlichen?) Bestimmung mit dauernder Geltung angehören.

§ 42. Ein großer Teil der Imperative läßt sich mit einem Schlage abmachen: in dem festen Urkundenformular, das in der hellenistischen Periode sämtliche Dialekte bald früher, bald später (von dem alten Urkundenstil der attisch-ionischen Poleis) angenommen und ausgebildet haben — ἐπειδή zur Begründung des Beschlusses, dann im Nachsatz ἔδοξε (δεδόχθαι) an der Spitze einer Reihe von Infinitiven und Imperativen — finden wir stereotyp die gleichen Verben und zwar fast durchgehend im gleichen Tempus wieder: es heißt immer ἐπαινέcαι, ἀποκρίναcθαι, ἀποcτεῖλαι, cτεφανῶcαι, ἀναγράψαι, ἀνθέμεν cτᾶcαι cτάλαν usw. im Aorist, eben weil das Aufschreiben und Aufstellen von Beschlüssen, das Antworten, Beloben usw. meist nur für das eine bestimmte Mal beschlossen wird[1]). Es kann natürlich auch vorkommen, daß die jeweiligen Beamten Beschlüsse aufschreiben, bekränzen usw. sollen, das finden wir häufiger auf attischen Inschr. (vgl. Meisterhans § 88, 12 und 18), auf dorischen nur selten, auf den kretischen Inschr. zufällig garnicht, da es sich stets um einmalige bestimmte Fälle handelt. — Den angeführten Verben stehen andere gegenüber, die etwas dauerndes bezeichnen; sie stehen stets im Präsens: so das häufige διαφυλάccειν, cυναύξεν (τὰ παρδεδομένα) und vor allem ὑπάρχειν, das fast auf keiner jüngeren Inschr. fehlt und hellenistisch mit εἶναι gleichwertig verwendet wird (z. B. in den Proxeniedekreten ὑπάρχεν ἀcυλίαν usw. völlig gleich ἤμεν ἀcυλίαν)[2]).

§ 43. b) Ein Ausnahmefall. Es muß nach dem Bisherigen als selbstverständlich erscheinen, daß wenn in einer Inschrift ausdrücklich gesagt wird, es solle etwas 'immer' (ἀεί) 'jedesmal' (ἑκαcτάκιc) 'unter den jeweiligen Beamten' (ἀεὶ ἄρχοντεc) geschehen, daß in diesen Fällen Imperativ Präsentis steht; und das wird in der Tat bis in die jüngste Zeit streng gehandhabt: Beispiele liegen allerorten auf der Hand: für unsere Inschr. erinnere ich nur an das obige Beispiel 5040, Hiarapytna οἱ ἐπι-

---

1) So auch mitten unter Präsentien: z. B. im Vertrag zwischen Stiris und Medeon 1539 am Schlusse der präsentischen Bestimmungen Seite b γραψάντω—ἀναθέντων; ebenso im Vertrage zwischen Rhodus und Hiarapytna 3749 vgl. oben, oder am Schlusse der vielen präsentischen Bestimmungen über die Artemisien zu Eretria 5315 ἀναγράψαι δὲ τὸ ψήφιcμα... καὶ cτῆcαι ἐν τοῖ ἱεροῖ vgl. § 45.

2) Wenn Delphi 2727 Z. 11 ergänzt wird ἀποcτεῖλαι δὲ αὐτῶι... [ὑπάρξ]αι δὲ αὐτῶι καὶ ἐκγόνοιc παρὰ τᾶc πόλιος προξενίαν..., so kann das nicht richtig sein: das ὑπάρχειν kommt eben nirgends auf Inschr. im Aorist vor; auf ebenso leichte Weise läßt sich ja ergänzen, [δεδόcθ]αι δὲ αὐτῶι καὶ ἐκγόνοιc vgl. die ähnl. Stellen delph. Inschr. 2690, 1; 2685, 15; 2729, 6 etc.

cτάμενοι κατ' ἐνιαυτὸν κόcμοι ἐγγύος καθιcτάντων (neben dem einmaligen ἐγγύος καταcταcάντων), von dem wir ausgingen, und auf derselben Inschr. Z. 39 ἀναγινωcκόντων δὲ τὰν cτάλαν κατ' ἐνιαυτὸν οἱ τόκ' ἀεὶ κοcμόντεc (gegenüber dem herausgegriffenen Einzelfall ὁποῖοι δέ κα μὴ ἀναγνῶντι). Nun aber lesen wir Praisos 5120 (Anfang 3. Jahrh.) 14 ὁ δὲ κόcμοc ... ὀμ(ο)cάτ|ω ἑκάcτου| ἔτεοc μηνὸc Διονυcίου τόνδε τὸν ὅρκον; man könnte annehmen, hier sei der Tempusunterschied bereits ungenau und verwischt (schlecht stilisiert ist auch ἔτεοc, wo man ἐνιαυτοῦ erwartet); nun läßt sich aber die merkwürdige Tatsache beobachten, daß sich auch sonst an entsprechenden Stellen der Aorist findet: so Delphi 2642, 41 καταγραψάντω οἱ ἄρχοντεc ἀεὶ οἱ ἔναρχοι ἐν τῶι μηνὶ τῶι Ποιτροπίωι ... κατ' ἐνιαυτὸν ἐπιμελητὰc (gerade wie in unserem Beispiel ἑκάcτου ἔτεοc — μηνὸc Διονυcίου) und zwar unter fast ausschließlich präsent. Imperat.: Messenien 4680, 17 περὶ δὲ τοῦ ἀργυρίου |... ἐνεγκά|ντω κατ' ἐνιαυτὸν ist unsicher; besonders lehrreich aber ist Korkyra 3206, 9 ἐλέcθω δὲ ἁ βουλὰ ἑκαcτάκιc εἰc ἐνιαυτὸν τοὺc ... (unter nur präsentischen Bestimmungen), dann aber Z. 22 ποιούντω πάντα οἱ ἑκαcτάκιc ἐόντεc ἄρχοντεc, ebenso wie Z. 65 ὡcαύτωc δὲ καὶ οἱ ἑκαcτάκιc αἱρεθέντεc ποιούντω und Z. 82 πάντα ποιούντω οἱ ἑκαcτάκιc ἄρχοντεc, dagegen Z. 97 wieder ἀπολογιξάcθωcαν οἱ ... τὸ ἀργύριον ἑκαcτάκιc εἰc βουλὰν μηνὸc Ἀρτεμιτίου.

§ 44. Überblicken wir die angeführten Stellen, so ergibt sich als allen gemeinsam, daß das iterative Moment nicht bloß im Verbum in Verbindung mit dem ganzen Inhalt, sondern durch besondere Bezeichnung außerhalb des Verbums ausgedrückt ist: es sind aber dabei zwei Fälle zu unterscheiden; einmal nämlich ist das Wort, welches den besonderen Ausdruck des Iterativen enthält, in syntaktische (attributive) Verbindung mit dem regierenden Subjekt gesetzt: οἱ ἀεὶ ἄρχοντεc, ἐφιcταμένοι usw. — in diesem Falle finden wir auf den Inschr. ausnahmslos den Imperativ Praesentis; in den andern Fällen dagegen steht der Ausdruck des Iterativen als adverbiale Bestimmung (absolut, nicht kopuliert) beim Verb: ἑκαcτάκιc. κατ' ἐνιαυτὸν usw. — hier nun kann, wie wir jetzt erkennen, das Verbum auch im Imperativus Aoristi stehen trotz der iterierten Handlung. Mithin ist auch der Aorist in unserem ὁμοcάτω ἑκάcτου ἔτεοc berechtigt. Ein verkanntes attisches Beispiel findet sich noch C. I. Att. II add. 115, b, 45 (c. 344 v. Chr.): Meisterhans nimmt § 88, 13 an, daß hier in ὁ δὲ ταμίας ἀποδότω Πειcιθεῖδει κατὰ τὴν πρυτανείαν ἑκάcτην ein Schreibfehler (Überspringen einer Silbe) ἀποδότω für ἀποδιδότω vorliege: wir aber gewinnen aus dieser Stelle einen attischen Beleg für den eben konstatierten Gebrauch, das adverbielle κατὰ τὴν πρυτανείαν ἑκάcτην rechtfertigt den Aorist. Der Aorist trotz der iterativen Handlung ist erklärlich: das iterative Moment ist bereits außerhalb der Verbalhandlung durch das Vervielfältigungswort gegeben: jede der Einzelhandlungen, aus deren Summe sich das 'immer, jedesmal, jährlich' zusammensetzt, ist eine einmalige, abgeschlossene, man könnte umschreiben 'jedesmal soll es geschehen, daß ...'. Und daß in Fällen wie 'die jedesmaligen Beamten sollen das und das tun' das Iterative eher noch besonders im Verbum ausgedrückt werden mußte, als in Fällen wie 'sie sollen das jedesmal tun', können, wie mir scheint, auch wir sprachlich nachempfinden.

Ein analoger Gebrauch ist es, wenn bei πολλάκιc auch der Aorist stehen kann (siehe bei Kaibel Elektraausgabe S. 248 einen Thukydidesbeleg) Beispiele für den Aorist bei ἀεί (Homer) und ὁποcάκιc (Xenophon) siehe bei Brugmann Gr. Gr. § 544, 3. bei ὁcάκιc (Polybius) Hultsch, Abhdlg. d. sächs. Ges. d. Wiss. XIII, S. 11. Auch im Lateinischen, wo zum Ausdruck einer wiederholten Handlung das Imperfekt gebraucht werden muß, kann bei *semper* und *saepe* das Perfekt stehen. In allen diesen Fällen genügt eben das Vervielfältigungswort zur Veranschaulichung des Iterativen[1]).

3. § 45. Wir konnten bisher nach dem Kriterium der iterierten und einmaligen Handlung eine positive Trennung der präsent. und aorist. Imperative feststellen: man muß sich aber klar machen, woran uns schon der zuletzt 2 b konstatierte Ausnahmefall mahnte, daß es immerhin nur eine Vorstellungsform ist, ob man in einer gesetzlichen Bestimmung eine Handlung als eine zu wiederholende oder als eine nur ein bestimmtes Mal auszuführende auffaßt. Das erstere ist das natürliche bei sakralen Vorschriften (Opferkalendern usw.), die in bestimmtem Turnus stets wiederkehren; — wir finden da in der Tat allerwärts präsentische Imperative, so z. B. in den Opfer-

---

[1] Kaibel sucht Elektra a. a. O. v. 1144 f. ἢν ὐseil. τὴν τροφήν) ἐγὼ θαμ' ἀμφὶ ... παρέcχον den Aorist bei θάμα unserem Sprachgefühl näher zu bringen durch die Umschreibung τὴν ἀεὶ τροφὴν ... παρέcχον: Doch dürfte nach den obigen Ausführungen gerade im letzteren Falle der Aorist nicht stehen.

vorschriften von Halasarna 3705 (mit Ausnahme des ἀναγραψάντων usw. vgl. oben), in Ialysos 4110, 20ff., im Sakralgesetz aus Oropos (5. Jahrh.) 5339 (Ditt. 589), in den Bestimmungen zu einer würdigen Feier der Artemisien in Eretria 5315 (4. Jahrh.), in den Sakralvorschriften und dem Opferkalender aus Kos 3632, 3634, 3636—3638, den Begräbnisvorschriften Keos 5398, im Opfergesetz von Milet 5197, so auch auf Kreta in Vaxos 5128, 12 διδόμεν τρίτωι Fέτει... ἰc τὰ θύματα δυώδεκα cτατέρανc für das alle drei Jahre wiederkehrende Fest. (Aber auch in Sakralvorschriften schon in früher Zeit Mischung von Präsens und Aorist, so im Gesetz über die Opfer im Asklepieion Ditt. 938 (um 400) θύεν — φερόcθο — δόντο — δόντο — θύεν — ἀνθέντό u. s. f.) Anders schon bei Verträgen und sonstigen gesetzlichen Vorschriften: da kann man ebensogut den bestimmten Fall, für den die Bestimmung in Tätigkeit treten soll, ins Auge fassen, wie die iterative Natur der Beschlüsse usw. betonen. Durchgehend Präsentia fanden wir z. B. im Vertrage zwischen Rhodos und Hiarapytna 3749, 7—87, ebenso im Bündnis zwischen Gortyn und Rhizen 4985 κοcμέν — δαμιόμεν — κατακρέθθαι — δικάδδεθαι — παρέρπεν (über καταcτᾶcαι gleich) — πράδδεν — παρῆμεν — ἀποκρίνεθθαι und im Vertrag des Königs Antigonos mit Hiarapytna 5043 (3. Jahrh.) (ἀποτειcάντων, worüber gleich) — ἐνδεικνύεν — πράccεν — cυντίθεcθαι — πέμπεν — ἀποcτελλέτωcαν usf. Dagegen heißt es z. B. 4952 in Dreros C u. D. wo es sich um die jedesmalige Vereidigung (oder vielmehr Nichtvereidigung) der jungen Mannschaft handelt, aoristisch, πραξάντων — ἀγγραψάντων — δαccάcθωcαν — ἀποτειcάντων — πραξάντων — δαccάcθωcαν: man stellt sich den wirklich eingetretenen, konkreten Einzelfall vor. (Auffällig sind die Präsentia in dem doch wohl für eine bestimmte Tempelübergabe geschaffenen Psephisma Leben 5087, a παρδιδόμεν — πραττέτω — τιθέθθω, b παρδιδόμεν — τιθέτω — ἀπολογιττέτθω. Nur am Schluß ἀπόλογον παρθέτω)[1]).

§ 46. Wir müssen uns schließlich wieder fragen, wozu wir schon oben bei den konjunktiv. und optativ. Formen des Präsens und Aorist gedrängt wurden, ob denn in der Tat mit dem Tempus der Imperative jedesmal eine bestimmte Vorstellungsform

---

[1] Soweit man aus dem Inhalt der arg verstümmelten Inschr. schließen kann, scheint der Aorist das Zusammenfassen des Vorhergehenden anzudeuten; es heißt nämlich ἀπόλογον παρθέτω, ἄ κα κατὰ τοῦτο τὸ ψάφιμμα παρδεδώκηι; vgl. bei Meisterhans Anm. 1918 das dritte ἀναγράψαι.

verbunden ist: am Schlusse der auf kretischen Inschr. nicht seltenen Schwurformeln folgt gewöhnlich auf εἰ ἐπιορκέοιμι o. ä. das, was im Falle des Falschschwurs geschehen möge im Infinitiv Praesentis z. B. 5039, 22 αἰ... ἐπιορκήcαιμι, τόc τε θεὸc ... ἦμεν καὶ ἐξόλλυcθαι... μήτε... φέρεν... μήτε... τίκτεν, τῶι τε πολέμωι νικέcθαι[1]) 5058, 44 τοῖc δὲ ἐπιορκέοcι μήτε γᾶν φέρειν μήτε τέκνων ὄναcιν γίνεcθαι μήτε πρόβατα εὐθηνεῖν. ἐξόλλυcθαι δέ κακῶc κακοὺc καὶ αὐτοὺc καὶ γενεὰν αὐτῶν oder Dreros 4952 B 32 εἰ δὲ τάδε μὴ κατέχοιμι, τούc τέ μοι θεοὺc... ἐμμάνιαc[2]) ἤμην... ἐξόλλυcθαι... μήτε φέρειν... μήτε τίκτειν... διδόμεν, — dagegen Praisos 5120 B 8 εἰ δὲ ἐπιο[ρκέοι]μ[ι ἐξ]ολέc[θαι καὶ αὐ]τὸc καὶ γένοc τὸ ἐμόν[3]). In andern Dialekten finden wir gleichfalls in dieser Formel neben dem Präsens auch den Aorist: so das erstere in dem ständigen Nachsatze der Fluchtafeln aus Teos ἀπόλλυcθαι καὶ αὐτὸν καὶ γένοc τὸ κείνου, in der delphischen Labyadeninschr. 2561 B 20 τοὺc θεοὺc διδόμεν ebenso C 5, dagegen ergänzt Baunack A 17 [δόμεν] (διδόμεν der Buchstabenzahl nach nicht möglich, es könnte aber auch [εἶμεν] sein, das Homolle eingesetzt hat) und danach im Amphiktyonen-Dekret 2501, 12 auch [δόμεν]; in Attica CIGr. 989 ὅcτιc... καθέλοι... κακῶc ἀπολέcθαι vgl. auch Ilias T 264:

εἰ δέ τι τῶνδ᾽ ἐπίορκον, ἐμοὶ θεοὶ ἄλγεα δοῖεν.

Man könnte auch hier noch erklären: das Präsens entspricht der Vorstellung des jedesmaligen Eidbruchs und Fluches, der Aorist der eines konkreten Einzelfalls: beweisen aber können wir es durch nichts, und es ist wohl eher anzunehmen, daß die Verfasser auf die Wahl der Tempora einfach nicht geachtet haben.

§ 47. Beweisen aber können wir, daß in der Tat der Unterschied der präsentischen und aoristischen Imperative früher oder später verwischt und verblaßt ist. Außerhalb Kretas sehen

---

1) So hat Deiters Diss. S. 23 auf Grund des Cyriacus anstatt des bisherigen μή με cῶον νέεcθαι wiederhergestellt; das durchaus poetische νέεcθαι wäre ja auch in solchem Dekret kaum zu erwarten; somit fällt auch die an diese Stelle sich anlehnende Ergänzung 5024, 74 τῶι τε πολέμωι μὴ cῶοι νέεcθαι.

2) Wegen der Akzentuation dieses Wortes siehe die Anmerkung 3 im Anhang.

3) 'Εξ]ολέc[θαι habe ich ergänzt, nicht ἀπ]ολέc[θαι wie Dittenberger, Blass u. a.: es heißt auf Kreta in der überall sehr ähnlichen Formel ἐξόλλυcθαι, so Dreros 4952 B 39, Hiarapytna 5039, 33, Gortyn 5024, 74, Itanos 5058, 47, nirgends ἀπόλλυcθαι, wie etwa in Attika, Teos und sonst.

wir das z. B. auf der Mysterieninschr. von Andania 4689, 1 ὁ γραμματεὺс ... τοὺс γενηθέντας ἱεροὺс ὁρκιξάτω aber Z. 7 τὰc δὲ ἱερὰс ὁρκιζέτω ὁ ἱερεύс und Z. 27 wieder οἱ δὲ ἱεροὶ ... ὁρκιζόντω τὸν γυναικονόμον ἐπὶ τῶν αὐτῶν ἱερῶν, dagegen Z. 132 τοὺс δὲ κατασταθέντας ὁρκιξάτω ὁ γραμματεὺс ... τὸν ὅρκον, ähnlich Z. 53 οἱ δ᾿ ... κατεσταμένοι ἐξοδιαcάντω gegenüber Z. 55 τὸ δὲ λοιπὸν ... ἐξοδιαζόντω οἱ πέντε ... : diese paar Beispiele zeigen schon, daß der durch die ganze Inschr. sich hinziehende fortwährende Wechsel präsentischer und aoristischer Imperative gegenstandslos geworden ist, ein deutlicher Beleg noch Z. 75 ἄν δέ τιc ... ἁλῶι ..., ἀγέcθω ... καὶ ὁ μὲν ἐλεύθεροс. ἄν κατακριθεῖ. ἀποτινέτω διπλοῦν, ὁ δὲ δοῦλος μαcτιγούcθω καὶ ἀποτειcάτω διπλοῦν τὸ κλέμμα. Die Inschrift ist recht jung (2. Hälfte der 90er Jahre v. Chr.), ebenso klar aber reden wieder die Freilassungsurkunden aus Delphi, die zeitlich höher hinaufreichen: daß der (die) Freigelassene(n) eine gewisse Zeit bei ihrem Herrn noch bleiben sollen, heißt dort bald παραμεινάτω, bald παραμενέτω ὁ δεῖνα παρὰ τὸν δεῖνα (übrigens überwiegt der Aorist in der Unmasse der Beispiele), und so lesen wir 1832 auf derselben Inschr. Z. 5 παραμεινάτω δὲ παρὰ Ἀμύνταν Cωτήριχοс ἔτη ὀκτὼ ἀνενκλήτωс neben Z. 15 παραμενέτω Cωτήριχος παρὰ τὸν υἱὸν αὐτοῦ Ἀμύνταν ... ἄχρι κα διεξέλθωντι τὰ ὀκτὼ ἔτη.

§ 48. Auf Kreta selbst können wir diese Entwicklung in einer vielgebrauchten Wendung bis in die ältesten Inschr. hinein nachweisen, nämlich in dem Ausdruck für 'zahlen': das heißt auf den archaischen Inschr. κατιcτάμεν: schon auf denen der allerältesten (linksläufigen) Periode finden wir präsentisch 4968 κατιcτάτο (Block 104) κατιс[τα-(Block 99), κατιс[τάμε]ν πεντήκοντα λ[έβ]ητας Fέκαcτον (91, 92, 100, 101) neben aoristischen 4972, 7 πέντε λέβητας καταcτᾶcαι 4979, 1 πεντήκοντα λέβ[ητας F]εκάcτō καταcτᾶcαι und Z. 2 λέβητας κα[τ]αcτᾶcαι Fέκαcτον: hier könnte vielleicht der Satzzusammenhang, wären die Inschr. nicht arg verstümmelt, einen inneren Grund erkennen lassen: aber schon auf den Tafeln von Gortyn finden wir völlig unterschiedslos I 53 κατιcτάμεν ... τὰ ἐγραμένα und I 44 κατιcτάτō τὰ ἐγραμένα neben VI 42 τὰν διπλείαν καταcτᾶcαι τὰc τιμὰc und ebenso auf der etwas jüngeren (der nördlichen Mauer) 4998 VII 10 τὰν ἄταν κατιcτάμην neben III 16 διπλεῖ καταcτᾶcαι. Daß das Tempus nicht mehr empfunden wurde, zeigt auch, wenn im Vertrage zw. Gortyn und Rhizen 4985 mitten zwischen den offenbar absichtlichen präsentischen Imperativen (s. oben), plötzlich Z. 10 der Aorist καταςτᾶcαι τὰν ἁπλόον τιμάν auftritt. Mit dem 4. Jahrh. beginnt ἀποτίνω einzudringen und mit dem 3. Jahrh. ist κατιcτάμην ganz verdrängt[1]). Auf diesen jüngeren Inschr. überwiegt durchaus der Aorist ἀποτειcάτω: aber wenn Malla 5100, 11 ἀποτεινύτω τό τε χρέοc ... καὶ cτατῆραc ἑκατόν neben Z. 15 ἀποτειcάντων ἕκαcτοc ... cτατῆραc πεντακατίοc bietet, so ist hier das Verblassen der Tempusunterschiede offenbar, und ebenso Hierapytna 5044, 2 ἀποτινόντων neben Z. 16 ἀποτειcάντων[2]).

Eine Beobachtung sei hier nur angedeutet: verfolgen wir die Ausdrücke für 'zahlen' durch die Dialekte, so scheint sich die bemerkenswerte Tatsache zu ergeben, daß je nach den Dialekten die präsentischen oder aoristischen Imperative vorherrschen — ein deutlicher Beweis des Verblassens der alten Tempusunterschiede (die Belege im einzelnen s. unten § 61 f. im Exkurs am Ende dieses Abschnitts).

§ 49. Der Befehl des 'Zahlens, Strafezahlens' ist gewiß in Dekreten, Gesetzen, Verträgen usw. einer der am häufigsten wiederkehrenden: es ist daher begreiflich, daß für eine so abgegriffene Wendung in Kreta und, wie soeben schon angedeutet, auch anderwärts sehr früh Gebrauchsarten des präsentischen und aorist. Imperativs auftreten, die mit einer bestimmten Vorstellungsform schlechterdings nichts mehr zu tun haben. Aber daß auch in nicht formelhaften Wendungen schon in alter Zeit ungenaue Verwendung des Imperativs Praesentis und Aoristi vorkommt — das anzunehmen zwingen uns einige Stellen der Tafeln von Gortyn: es scheint wenigstens unerfindlich, warum es im Anfang des großen Gesetzes heißt αἰ δέ κ' ἄγει καταδικακcάτō τὸ ἐλευθέρō δέκα cτατέρανc, ὅτι ἄγει ... αἰ δέ κα μὲ λαγάcει καταδικαδδέτō τō μὲν ἐλευθέρō cτατέρα, τō δόλō δαρκνὰν τᾶc ἀμέραc Fεκάcταc; ebenso unerklärlich erscheint es, wenn Tab. VI, 6 steht ἄτι δέ κ' αὐτὸc πάcεται ἓ ἀπολάκει, ἀποδιδόθθō, αἴ κα λε̑ι, während doch sonst dieses Wort im Sinne 'verkaufen' wie im Attischen so auch im Alt-Gortynischen stets aoristisch gebraucht wird (z. B. 4998 IV 7 und 12), so auch auf derselben Tafel einige Zeilen

---

1) Ἀποτίνω zunächst nur futurisch ἀποτείcει, ἀποτειcίοντι so 5011 5019, 5072, 4952. Übrigens auch schon in den archaisch. Inschr. Bildungen mit τίνω. z. B. 4993, 8 κῆπεcτεῖcαι τὸ ἁπλόον, 4998 I 6 τὸ ἁπλόον τειcῆται usw.

2) Ähnlich Tegea 1222, 35 ἀπυτειcάτω τὸ χρέοc διπλάcιον neben Z. 43 τὰ ἐπιζάμια ἀπυτειέτω.

später Z. 10 μέδὲ τὰ τᾶc γυναικὸc τὸν ἄνδρα ἀποδόθαι und Z. 34 ἀποδόθαι δὲ μέ. Dann begegnen wir, ebenfalls anscheinend unterschiedslos, Tab. IV 29 ἀποδάτταθαι neben VIII 7 ἀποδατε͂θαι[1]). Schließlich sei noch konstatiert, daß es in dem Gesetze acht Mal präsentisch heißt τὸν δὲ δικαcτὰν ὀμνύντα κρίνεν (einmal IX 21 ὀμνὺc κρινέτō) 'der Richter soll unter Schwur entscheiden' (den Gegensatz zu δικάδδεν siehe BZ. S. 68), aber V 43 τὸν δικαcτὰν ὀμνύντα κρῖναι aoristisch (doch siehe darüber Anmerkung 4 in dem Anhang von Exkursen am Schluß). Immerhin müssen wir in dieser alten Zeit vorsichtig sein mit der Behauptung, das temporale Bewußtsein sei schon verblaßt. Aus jüngerer Zeit sei hier ein Beispiel aus den kretischen Inschr. berührt: Hiarapytna 5040 (2. Jahrh.?) Z. 50 καὶ εἴ κα νικάcῃι, λαβέτω τὸ τρίτον μέροc und dann im nächsten Satze αἰ δέ τι... ἕλοιμεν,... λανχανόντων... καὶ τὰc δεκάταc λαμβανόντων ἑκάτεροι: hier scheint λαβέτω neben λαμβανόντων unterschiedslos gebraucht zu sein — es könnte aber immerhin sein, daß das Präsens mit dem Plural, der Aorist mit dem Singular zusammenhängen, wie wir das § 58 (Partizipium) noch erkennen werden[2]).

§ 50. Ein kurzes Wort noch über die Frage, ob vielleicht die Negation in unseren Inschr. auf das Tempus des Imperativs Einfluß geübt hat (vgl. Brugmann Gr. Gr. § 555, 2; Delbrück Grdr. S. 355 u. 363). Für die ältere Zeit finden sich nur zwei Belege negierter Imperative: Knosos 5072 b 5 μήπιθιθέτω und Tab. XI 18 γυνὰ δὲ μὲ̄ ἀμπαινέθθō und auf jüngeren Inschr. kommt negiert nur ἐξέcτω vor; daraus können keine Schlüsse gezogen werden. Aus den jüngeren Inschr. anderer Dialekte aber ersieht man, daß negierte Aorist-Imperative durchaus nicht selten sind z. B. in Delphi 2251, 24 μὴ ἀπαλλοτριαcάτω — μὴ ἀφελέcθω 1718, 11 μὴ οἰκηcάτω — μηδὲ πολιτευcάτω — μηδὲ ἀπαλλοτριαcάτω 1723, 10 μὴ ἐνκαταλιπέτω 17 μὴ πωληcάτω

---

1) Beide stehen imperativisch; doch könnten sie vielleicht zu den § 37 ff. besprochenen Fällen gehören: VIII 7 nämlich heißt es völlig frei ἀποδατε͂θαι δὲ τὸν κρεμάτōν ἴōι — einer der wenigen der auf den Tafeln von Gortyn durch einen Bedingungssatz nicht näher bestimmten Imperative — dagegen ist IV 29 αἰ δέ τιc ἀταθείε̄, ἀποδάτταθθαι τō̄ι ἀταμένōι ἇι ἔγράτται ein näher präzisierter Spezialfall.

2) Ein sicheres Beispiel für verblaßten Tempusunterschied von (allerdings nicht imperativischen) Infinitiven ist 5168, 13 καὶ ἀεί τινοc ἀγαθῶ παραιτίοc γενέcθαι, während es in dem genau entsprechenden Passus eines anderen teischen Dekretes 5176, 13 καὶ ἀεί τινοc ἀγαθοῦ παραιτίουc γίνεcθαι heißt.

2019, 12 μὴ πωλτ̨cάτω 2172, 9 μὴ καταδουλιcάcτω — doch ist von diesen Beispielen keines früher als die 4. Priesterschaft (170—150); auf den phokischen Freilassungsurkunden μὴ καταδουλιξάcθω 1545, 5, 1546, 4, 1555 a 9 usw. 1555 c 11 μὴ καταδουλιξάcτω ... μηδ᾿ ἀγαγέτω 1555 c 11 μὴ καταδουλιξάccτω — μηδ᾿ ἀπαγαγέτω μηδὲ ἐνεχυραξάτω: Mysterieninschr. Andania 4689 (1. Jahrh.) 60 μὴ ἀναχρηcάcθω — μηδὲ γραψάτω: Aetolien 1415 (3. Jahrh.) 14 μὴ ἀποδόcθων usf. — Nach der attischen Syntax dagegen wird bekanntermaßen μὴ nicht mit dem Imperativ Aoristi verbunden, sondern dafür tritt der Konjunktiv (Injunktiv) Aoristi ein.
Häufiger sind auf unsern Inschr. negierte imperativ. Infinitive z. B. Tab. Gort. VI 4 μὲ ὀνε͂θθαι μεδὲ καταθίθεθθαι ... 10 μέδ᾿ ἀποδόθαι μέδ᾿ ἐπιcπένcαι und so noch oft: hier stehen dieselben Tempora, wie wenn die Imperative positiv wären; die Negation übt auf ihre Wahl keinen Einfluß aus.

Exkurs zum Tempusgebrauch der imperativischen Ausdrücke des Zahlens (s. oben Ende § 48).

§ 51. ἀποτίνω. Dorische Inschriften bieten im Verhältnis zu der Unmasse der aoristischen sehr selten präsentische Imperative dieses Verbums, nur hie und da begegnet einmal ein vereinzeltes ἀποτινόντω (-έτω), und nicht allzuselten kommt es vor, daß ein ἀποτειcάντων mitten unter präsentischen Imperativen auftritt, eine Beweisstütze für seinen typischen Aoristgebrauch im Dorischen. So Labyadeninschr. 2561 (wo übrigens allein aoristisches ἀποτειcάτω elf mal wiederkehrt) A 54 μηκέτι δεκέcθων ... ἀλλ᾿ ἢ ἀγέτω .. ἢ ἀποτειcάτω Ϝίκατι δραχμὰc ἢ ... φερέτω, D 19 θωεόντων — πραccόντων dann zwei Mal ἀποτειcάτω ὀδελόν. Das ist um 400 geschrieben, von jüngeren Inschr. z. B. nach den präsentischen Sakralvorschriften von Jalysos 4110, 20 ff., ἀποτειcάτω Z. 31; Hierapytna 5043, 6 ἀποτειcάντων und dann durchgehend nur Präsentia usf. Das entgegengesetzte Bild bieten die elischen Inschriften: hier findet sich nur das Präsens: 1149 (Erzplatte, 6. oder 5. Jahrh.) Zeile 5 τάλαντόν κ᾿ ἀργύρō ἀποτίνοιαν (der Optativ ist die dem Imperativ entsprechende elische Aufforderungsform) 1151, (3, 5) 6 ἀποτι|νέτō κα(τ)θυτὰc τοῖ Δί, 1152 (Anfang 6. Jahrh.) 4 Ζέκα μναῖc κα ἀποτίνοι Ϝέκαcτοc τῶν μη̄πιποεόντων κα(τ)θυτὰιc τοῖ Ζὶ Ὀλυνπίοι, 6 Ζίφυιον (i. e. διπλοῦν) ἀποτινέτο̄. 1154, 2 πεντακατίαc κα δαρχμὰc ἀποτίνοι 1157, 1 und 4 ... κ᾿ ἀποτίνοι, 1158, 4 δαρχμὰc ἀποτίνοι

τοῖ Δι .... ebenso auf der in neuerer Zeit gefundenen (s. zuletzt Usteri Ächtung und Verbannung im griech. Recht, 134 ff.) Z. 11 ἀποτινέτω διπλάϲιον. Danach ist also die Ergänzung ἀποτ|εἶϲαι Z. 6 der Inschr. 1163 = Dittenberger, Inschr. v. Olympia Nr. 20 nicht richtig (daß die Inschr. wirklich elisch ist, kann nach Dittenbergers Bemerkungen a. a. O. keinem Zweifel mehr unterliegen).
Eine Mittelstufe nehmen die attischen Inschr. ein, wo neben ἀποτειϲάτω nicht selten das Präsens steht (beide schon im 5. Jahrh., so z. B. ἀποτίνεν C. I. Att. IV 1, 3, 5 a, B 20 u. 26 (450—403 v. Chr.) und Z. 36 ἀποτινέτō, aber ἀποτεῖϲαι C. I. Att. I 38 f., 18 (J. 432/416) ἀποτειϲάτω C. I. Att. II 634, 10 (4. Jahrh.), doch scheint das Präsens in den älteren Inschriften durchaus zu überwiegen); auch im Ionischen geht beides nebeneinander her, z. B. ἀποτίνειν Eretria 5307, 11 und 5314, 9 (beide Auf. 4. Jahrh.) ebenso in Amorgos, Ephesos etc. neben ἀποτειϲάτω z. B. Amorgos, Ditt. 517, 35 (2. Jahrh.) (auch hier scheint auf den älteren das Präsens zu überwiegen; Amorgos Ditt. 531, 3. Jahrh., nebeneinander 44 ἀποτειϲάτω 46 ἀποτινέτω und dann noch Z. 53 Präsens). — Doch auf attisch-ionischen Inschr. ist für 'zahlen sollen' gebräuchlicher das Verbum

§ 52. ὀφείλω. Auch hier läßt sich differenzieren. Im Ionischen (Chios, Amorgos, Delos etc.) und Attischen erscheint es schon auf den ältesten Denkmälern durchgehends präsentisch, so z. B. C. I. Att. II 841 b + IV 2 pag. 205 sieben Mal ὀφειλέτω(ν)[1]).
Die Neigung zum präsentischen gibt sich schon darin kund, daß wir so oft das Imperfektum ὤφειλεν (s. z. B. Dittenberger III p. 372 s. v. ὀφείλω und ὀφλιϲκάνω, die Beispiele lassen sich häufen) finden, nur selten ὦφλεν[2]). Scharf tritt diesem attischen Gebrauch gegenüber, wenn wir in dem Tempelgesetz aus Tegea 1. Hälfte des 4. Jahrhs. (Solmsen, Inscr. sel. Nr. 1), Z. 4 ἡεκοτὸν

---

1) Z. 48 ὀφΕλέτω noch nach der alten Schreibweise = ὀφειλέτω (vgl. Meisterhans p. 21), nicht etwa vom Aorist ὤφελον, der ja eine ganz andere Bedeutung hat; von 'schulden' heißt der Aorist attisch stets ὦφλον. — In der Sprache der Papyri dagegen kommt der Aorist ὤφειλα vor, so Urkunden d. königl. Mus. zu Berlin 515, 5 ὅϲα ὠφείλαμεν ϲιτία, 44, 8 ἃϲ ... ὀφίλατε, sodaß es nicht zu entscheiden ist, ob das häufige ὠφ(ε)ιλεν wie etwa 260, 3; 77, 7 usf. Imperfekt oder Aorist ist. (Vgl. auch Mayser, Gramm. d. griech. Papyri p. 348 u. 405 s. v. ὀφείλω).

2) Über C. I. Att. 804 ὦφλεν s. unter Imperfekt § 12. Danach wäre die Ziehensche Ergänzung C. I. Att. IV, 1, 3 p. 133 = Ditt. 646 (5. Jahrh.) Z. 30 ἕκα]ϲτον [κατὰ] τὲν δύνα[μιν ὀφλῆν] unwahrscheinlich; es geht ja auch [ὀφΕλΕν], die Buchstabenzahl der Zeilen auf Seite a ist unsicher.

δαρχμὰс ὀφλέν lesen und dann noch sechs Mal das aoristische ὀφλέν Z. 8, 15, 17, 22, 24, 30, vgl. auch ὀφλέοι, Inschr. v. Mantinea (Göttinger Nachr. 1895 p. 370) Z. 14, weiterhin lokrisch auf der Tafel von Oiantheia 1479 (1. Hälfte des 5. Jahrhs.) 6 ἡμιόλιον ὀφλέτō und entsprechend dem älteren arkadischen Gebrauch in Tegea die Bauinschrift aus Tegea 1222 (3. Jahrh. oder 2.) Z. 22 ὀφλέτω ἕκαстοс... und die jüngere Inschr. aus dem Arkadischen Orchomenos 1634 (3. oder 2. Jahrh.) Z. 17 ὀφλέτω χιλίαс δραχμάс. Also auch bei ὀφείλω scheint lokale Scheidung vorzuliegen.

Zusammenfassendes zum Gebrauch des Konjunktiv, Optativ, Imperativ Präsentis und Aoristi.

§ 53. Gemeinsam ist all den konjunktivischen, optativischen und imperativischen Fällen, die bisher auf den Unterschied von Präsens und Aoristformen hin untersucht worden sind, daß die durative oder punktuelle Aktionsart nicht im Begriff des Verbums an und für sich enthalten ist, sondern an dieses sozusagen nur von außen herantritt: καθιстάντων also z. B. heißt es, wenn die Handlung des καθιстάναι als eine wiederholte vorgestellt werden soll, καταстαсάντων, wenn ein bestimmter Fall des καθιстάναι ins Auge gefaßt wird; ebenso δικαδδέτō oder δικακсάτō, je nachdem der Fall durch näheren Zusatz spezialisiert ist oder nicht; dieselben Verben also stellten je nach Bedürfnis eine punktuelle oder nicht-punktuelle Handlung vor: es gibt nun aber Verba, die ihrer Natur nach schon von vornherein entweder Duratives oder Punktuelles in ihrem Begriffe enthalten.

§ 54. 1. Wir können die Neigung zu einer bestimmten Aktionsart nicht immer unmittelbar nachempfinden, doch wenn eine Anzahl Verben stets nur in Formen des Präsensstammes auftritt, vor allem auch in konjunktivischen und optativischen Nebensätzen, die, wie wir sahen, an und für sich eher zu punktuellen Einzelfällen geeignet sind, so läßt sich daraus folgern, daß ihrer Natur nach die durative Vorstellung in ihnen vorherrscht. Solche Verben sind:

λῆν 'wollen'.

Dieses Wort kommt auf den alten Inschr. sehr häufig und in mannigfachsten Verbindungen und Formen vor[1]): ὅс κα λῆι, ὅτιμι κα λῆι, αἴ κα λῆι und λείωντι, αἰ λέοι etc., aber stets nur prä-

---
1) Später verschwindet es, vgl. über seine Anwendung und Geschichte Anmerkung 5 im Anhang.

sentisch: so hat es denn Knosos 5072 b 6 καρταῖποc αἰ πρίαιτο κἀποδόμεν λέοι neben dem von derselben Konjunktion abhängigen aoristischen πρίαιτο seine präsentische Natur beibehalten (vgl. Dittenberger Syll. 10, 32 .. ἦν ... θέληι cυγχέαι ἢ προθῆται).
Weiterhin kommen hier in Frage die im alt-gortynischen Rechte gebräuchlichen Termini
μωλῆν 'prozessieren'
mit seinen Kompositis ἀμφιμωλέω und ἐπιμωλέω, ἀπομωλέω, die in imperativ. Infinitiven, Konjunktiven und Optativen auch durchgehend präsentische Formen zeigen[1]), das Gleiche gilt von
φωνῆν 'aussagen'
und ἀποφωνῆν 'bezeugen'. Der Aorist zu diesem Worte war vielleicht ἀποϜεῖπαι cf. Tab. IX 37 ἒ δέ κ' ἀποϜείπόντι (siehe Comparetti im Kommentar zu dieser Stelle und oben § 39) 'wenn sie ausgesagt haben': um den Aorist zu bilden, mußte man dann also zu einer anderen, punktuellen Wurzel greifen.

ὀπυίεν, ὀπυίεcθαι 'heiraten'
kommt auf dem gortynischen Zwölftafelgesetz gegen 40 Mal in imperativischen, konjunktivischen, optativischen Formen vor, stets im Präsens; Tab. III 54 zeigt das Imperfektum ὅc ὄπυιε klar die in die Vergangenheit versetzte nicht-punktuelle Handlung. Das Verbum ὀπυίω hat eben eigentlich nicht die Bedeutung 'heiraten', sondern 'Gatte sein', also durative Aktion (vgl. die Anmerkung von Blass zu 4991 VIII 22); auch Homer kennt den Aorist dieses Verbums nicht, nur das Imperfektum, weil es auch hier stets 'zur Frau haben' heißt. Schließlich noch das auch auf älteren, besonders aber auf jüngeren Inschr. (vor allem in Gortyn, Hiarapytna, Latos, Knosos) gebräuchliche

ἕρπω, ἐφέρπω, παρέρπω
nach gemeindorischem Gebrauche = ἰέναι (auch poetisch in diesem Sinne, Tragiker, Theokrit etc.). Der Aorist auch in der Literatur selten. Homer hat ihn noch nicht.

In diesen Fällen also erkennen wir die Nichtpunktualität der Wurzeln aus der Vermeidung der Formen des Aoriststamms.

§ 55. 2. Bei andern Verben dagegen, die präsentisch auftreten, können wir das Durative, das in ihrer Bedeutung liegt, unmittelbar nachfühlen. So z. B. ζῆν 'leben, am Leben sein' IV

---

[1]) So fällt schon aus diesem Grunde die für ἐπιμōλεν ιο Tab. IX 28 vorgeschlagene Ergänzung ἐπιμōλῖcάτō oder ἐπιμōλέcαι (s. Baunack p. 136) hin.

21 αἰ δ' ὁ πατὴρ μὲ δόοι und ebenso im Präsens IV 27 VI 2 IX 33 etc. oder ναεύειν 'sich zum Schutze im Tempel aufhalten' Tab. I 39, 42; 4998 IV 8, πολιατεύειν 'sich in bürgerlicher Stellung befinden', κοςμεῖν 'im Amte eines Kosmos sein' (also stets κοςμέν, κοςμῆι, vgl. auch ἐκόςμιον unter Imperfekt).

Das kursive Präsens ἄγω 'geleiten, mitführen' ist im Griechischen scharf von dem Aorist ἤγαγον, das den Schlußpunkt dieser kursiven Handlung 'hinbringen, herbringen' bezeichnet, getrennt (s. Mutzbauer p. 47 ff., Delbrück Grundriß p. 85 und 231): es ist daher natürlich, daß wir auf den Tafeln von Gortyn, wo es sich um das 'Wegführen' nicht das 'wohin Bringen' eines Sklaven handelt, stets das Präsens finden: I 2, 3, 51, II 1, V 36, XI 24, die präsentische Natur wurde ja auch schon klar durch αἰ δ' ἀννίοιτο μὲ ἄγεν oben § 33; und ebenso nur präsentisch φέρω, welches das 'Wegführen' von Gegenständen bezeichnet, besonders deutlich in III 3 κ̄τι κα πέρε̄ι αὐτὸν κ̄τι κα παρέλει (Präsens und Aorist nebeneinander gebraucht!) vgl. noch III 2, 23, 30, 43 V 37 [1]). Nur einmal auf einer archaischen Inschr. in einem versprengten Satzstück aoristisch 4976|β|οFcì ὅτι τίc κ' ἀγάγηι möglicherweise 'was einer den Rindern bringt'. — In späterer Zeit tritt dann ἄγειν im präsentischen Sinne des widerrechtlichen 'Wegführens' wieder auf in den teïschen Urkunden und zwar in den Formeln: εἴ κα ... ἀδικήcωντι ..., ἐξέcτω τῶι παραγενομένωι Τηίων ἐπιλαβέcθαι καὶ cωμάτων καὶ χρημάτων, εἴ τιc κα ἄγηι, so 5165, 5170—5172, 5174—5176, 5178, 5180, neben der sich drei Mal eine andere findet: ἐὰν δέ τινέc (κ') ἄγωντι Τηίοc ..., οἱ κόcμοι ... κύριοι ἔcτων 5168, 5173, 5179 [2]).

§ 56. Umgekehrt ist es begreiflich, daß gewisse Verben immer in aoristischen Formen auftreten, wie es z. B. von ἀποθναΐcκειν auf den Tafeln von Gortyn stets aoristisch heißt αἰ ..

---

1) Ἄγειν wird nur von Personen auf den T. v. G. gebraucht; an den von B. Z. p. 80 Anm. 8 zitierten Stellen, wo es auch bei χρήματα stehen soll, liest man jetzt wohl mit ziemlicher Sicherheit ἀτέθαι nicht ἄγεθαι (oder ἀλέθαι? s. zuletzt Solmsen, Inscr. sel. zu Tab. IX 42). Übrigens ist auch auf der Labyadeninschrift zwischen φέρειν für Lebloses und ἄγειν für Lebendes geschieden, siehe z. B. A 44 ἄγεν δὲ τἀπελλαῖα ... (Tiere zum Opfer) καὶ τὰc δαράταc ('Opferkuchen') φέρεν.

2) Daß diese letztere Formel nur in den dialektgleichen Nachbarstädten Aptara, Kydonia und dem allerdings noch nicht sicher lokalisierten Allaria begegnet, ist vielleicht kein Zufall. Übrigens ist in dieser Formel ἄγειν auch nur von Personen, in der ersteren aber von cώματα καὶ χρήματα gebraucht.

ἀποθάνοι, αἴ κα ... ἀποθάνει, ὁ ἀποθανόν etc. (16 Mal), denn es kommt juristisch nicht auf den Vorgang des Sterbens, sondern auf die vollendete Tatsache des eingetretenen Todes an (über αἴ τίς κα .. τετνάκει siehe unter Perfekt § 65). Das Gleiche gilt für αἰ ... τέκοι nicht αἰ ... τίκτοι III 44, 52 IV 18: nicht der Vorgang der Geburt ist von Wichtigkeit, sondern die Tatsache, daß das Weib ein Kind geboren hat; ebenso αἰ ... κύcαιτο IV 18 (vgl. z. B. dagegen präsentisch οἱc κυεῦcα Kos, Ditt. 616, 57: 617, 2 von dem Opfertier, das sich im Zustande der Schwangerschaft befindet). — So können wir auch in Tab. III 49 τὸ τέκνον ἒ τράπεν ἒ ἀποθέμεν 'das Kind aufziehen oder es aussetzen' unmittelbar nachfühlen, warum hier Präsens direkt neben dem Aorist steht, indem nämlich deutlich das eine eine durative, das andere eine punktuelle Handlung wiedergibt; ebenso in dem jungen Beispiel Gortyn 5015, 8 πολέμω ἀποχωρῆcαι καὶ ἄγεν ἰρήναν 'dem Kriege ein Ende machen und Frieden halten'.

Schließlich sei noch darauf hingewiesen, daß wir auf den archaischen Inschr. von Gortyn nur aorist. Formen von δέχεcθαι begegnen: Tab. III 4ἰ αἰ δὲ μὲ̄ δέκcαιτο IV 1 αἰ δέ κα μὲ̄ δέκcεται X 28 μεδὲ δέκcαθαι 4998 1 6 αἴ κά Fοι μὴ λῆι δέκcαθθαι III 5, 10 δεκcάμενος 4996, 2 δεκcάμενον 4 δέκcαιτο, während wir im vierten Jahrh. auf Gortyn 5011, 5 μὴ δέκετθαι, 6 αἰ δέ τιc δέκοιτο ἢ τὸ νόμιcμα μὴ λείοι δέκετθαι finden. Sachlich ist das δέχεcθαι der alten und jungen Inschr. dasselbe: es mag im einen Falle 'annehmen' im anderen Falle (aoristisch) terminativ 'in Empfang nehmen' bedeuten, wenngleich uns hier bereits die Sicherheit der Entscheidung verläßt, ob der Tempuswechsel nicht vielleicht willkürlich ist.

Doch hiermit sind wir schon von der eigentlichen (in 1. behandelten) Frage abgekommen, inwieweit nämlich gewisse Verben an und für sich nicht-punktueller Natur sind. Wie auch die Verba präsentischer Natur im Verlaufe der Entwicklung punktualisiert wurden, darüber s. unter Imperfektum § 9 und § 11f.

c) Zum Gebrauche des Partizipiums Präsentis und Aoristi.

§ 57. Die Tempora des Partizipiums erfordern wegen der Doppelseitigkeit seiner Natur, die ihm den andern Modi gegenüber anhaftet, eine gesonderte Behandlung. Die Hauptfrage, um die es sich hier dreht, ist: gibt das Tempus die Zeitstufe oder die Aktionsart wieder? Das Partizipium hatte, wie alle modalen Formen, an und für sich mit der Zeitstufe nichts zu tun, und es ist oft genug darauf hingewiesen worden, es sei nur ein Nebenumstand der Aktionsart, daß die aoristische Partizipialhandlung der Haupthandlung zeitlich vorauszugehen scheine, indem nämlich das Punktuelle der Aoristhandlung die Vorstellung der Gleichzeitigkeit nicht aufkommen lasse, während umgekehrt das durative Partizipium Präsentis den Eindruck des Nebeneinanderlaufens (der Gleichzeitigkeit) der Handlungen erwecke[1]). Weil aber so das eine das andere involviert, ist es uns meistens unmöglich zu kontrollieren, ob die Aktionsart wirklich das *prius* ist oder nicht.

Die attributiven und substantivischen Partizipia sind, als nicht im Satzzusammenhange, sondern für sich stehende Adjektiva und Substantiva, dem Einfluß der Zeitstufe von vornherein weniger ausgesetzt wie die prädikativen Partizipien, die direkt die indikativischen Formen im Satze vertreten; sie werden daher getrennt von einander behandelt werden.

1. Substantivierte und attributive Partizipien.

§ 58. Zunächst sei auf eine Erscheinung verwiesen, aus der unzweideutig hervorgeht, daß auch noch in junger Zeit das Tempus substantivischer Partizipien nicht die Zeitstufe wiederzugeben braucht: es läßt sich nämlich auf jungen Inschr. beobachten, daß dasselbe Verbum im Partiz. Singularis aoristische, dagegen wenn es im Plural steht, präsentische Form zeigt; ein klares Beispiel liefern wieder die delphischen Freilassungsurkunden: 'wer gerade dabei ist, hat das Recht, den (widerrechtlich mit Beschlag belegten) Sklaven wieder in Freiheit zu setzen' wird dort im Formular wiedergegeben bald durch ὁ παρατυχὼν κύριος ἔστω... (Singular und Aorist), bald durch οἱ παρατυγχάνοντες κύριοι ἔστωσαν (Plural und Präsens)[2]): offenbar gibt hier der Aorist den Einzelfall 'der, der gerade dazu kommt', das Präsens den wiederholten Fall 'die jeweiligen Anwesenden'. Der Zusammenhang von Numerus und Aktionsart ist verständlich: psychologisch verbindet sich mit dem Singular gerne die Vorstellung eines bestimmten

---

1) Vgl. Delbrück, Grundriß p. 480 ff., Brugmann Gr. Gr. § 547, 1, a und b, § 580, 1; Mutzbauer p. 24, Leo Meyer, Griech. Aoriste p. 124f usw.

2) Es steht gegen 200 Mal οἱ παρατυγχάνοντες, etwa 120 Mal ὁ παρατυχών, so daß die kaum zwanzig Ausnahmen οἱ παρατυχόντες oder ὁ παρατυγχάνων kaum in Betracht kommen.

Falles, während der Plural ('Mehrzahl') seiner Natur nach eine Anzahl von wiederholten Fällen ins Auge faßt. So finden wir denn auch auf unseren kretischen Inschr. Hiarapytna 5040, 39 οἱ παρατυγχάνοντες ἑρπόντων und Aptara 4946 (2. Jahrh.) 6 τοῖς ἐντυγχάνωσιν τῶν πολιτᾶν gegenüber Gortyn 5027 (2. Jahrh.), 3 κύριος ἔστω ὁ παρατυχών; auf den teïschen Dekreten der 1. Periode stets ἐξέστω τῶι παραγενομένωι ἐπιλαβέσθαι..., sodaß die Ergänzung Aptara 4942, b, 4 τοῖς [παραγι]νομένοις vor [παραγε]νομένοις (Haussoullier) den Vorzug verdient, vgl. auch das Präsens ὅπᾱι καὶ τοῖς ἐπιγινομένοις ... ὑπάρχηι 5101, 42 und 5150, 39 (auch Dreros 4952, d 13 τάδε ὑπομνάματα ... τοῖς ἐπιγινομένοις ἀζώστοις): ebenso Gortyn 4979 (archaisch) 1 ᾠόςμος ὁ ἐπιστάς im Singular aoristisch (Präsens ἐπ-ιστάς — mit Psilose — wegen der transitiven Bedeutung ausgeschlossen) gegenüber dem Präsens im Plural: 5025 (3.—2. Jahrh.) 15 ἐπὶ τοῖς κόρμοις τοῖς ἐφισταμένοις 5015 (2. Jahrh.) 16 ἐπὶ τῶν ἐφισταμένων ... κόρμων und 5040, 65 οἱ ἐπιστάμενοι κατ' ἐνιαυτόν ... κόσμοι¹). Hierher zu ziehen ist vielleicht auch das jonische Beispiel Teos 5634 (jung) 14 Ὁ δὲ ... μὴ ποιήσας neben Z. 18 ἕκαστος τῶν μὴ ... ποιούντων, wenn es nicht zu den Fällen gehört, wo die Tempusunterschiede überhaupt schon verblaßt sind²).

§ 59. Der Zusammenhang zwischen Numerus und Aktionsart gibt in diesen Fällen also ein Kennzeichen an die Hand, daß bei der Wahl des Tempus nicht die Zeitstufe ausschlaggebend war: meist aber sind beide Auffassungen, Aktionsart und Zeitstufe, in gleicher Weise möglich, eine Entscheidung nicht zu treffen.

In der alten Gesetzessprache von Gortyn z. B. sind eine Anzahl von juristischen Termini durch substantivierte Partizipien, meist aoristische, gebildet, wie ὁ καταθένς, καταθέμενος, δεκςάμενος, ἀνδεκςάμενος, ἀποδόμενος, ἐπιδιόμενος, διαβαλόμενος, νικάςανς, ἐπιςπένςανς, ἐπιςπενςάμενος (wegen der einzelnen Stellen s. bei Comparetti, Mon. ant. III im Index): es liegt nahe, hier den Aorist zeitlich aufzufassen: ὁ καταθένς 'der ein Pfand gegeben

---

1) Über die Psilose in dieser jungen Zeit vgl. Blass zu der Stelle. Überhaupt ist οἱ κατιστάμενοι (ἄρχοντες) eine auf Inschr. häufig wiederkehrende Wendung. Aorist kommt kaum vor, manchmal das Perfekt οἱ ... καθεσταμένοι.

2) Über 5040, 50 λαβέτω ... λαμβανόντων, das sich eventuell auch hier einreiht, siehe oben § 49.

hat', ὁ δεκάμενος 'der in Empfang genommen hat' usf., da in der Tat das Geben des Pfandes, die Annahme etc. etwas Geschehenes ist; der Aorist kann aber ebensogut die Punktualität der Handlungen wiedergeben, indem es sich immer um einmalige Vorgänge handelt, während die präsentisch gebrauchten Ausdrücke ἐβίōν 'der im Besitze der ἥβη ist' ὀπέλōν 'wer in Schulden ist', ὁ μεμπόμενος 'der Klagende' Zustände bezeichnen. Bemerkenswert ist, daß es in den Bestimmungen über Adoption (Tab. X 33 — XI 23) präsentisch heißt ἀμπαινέθθō XI 18 und ἀμπαίνεθαι X 34 'er soll adoptieren', aber stets aoristisch 'der Adoptierende' ὁ ἀμπανόμενος, τō ἀμπανομένō, τὸν ἀμπανόμενον etc.¹). Immer im Präsens findet sich der namentlich auf den T. v. G. außerordentlich häufige, aber z. B. auch in Vaxos 5131, b 6; 5128, 10 gebräuchliche Terminus ὁ ἐπιβάλλων 'der, dem es zukommt, der Nächstberechtigte' (nie ὁ ἐπιβαλών) und τὸ ἐπίβαλλον 'der zukommende Teil', beides zu ἐπιβάλλει 'es kommt zu' gehörig, dessen präsentische Natur wir ja schon erkannten²); und ebenso, wie wir nur präsentische Imperative und imperativ. Infinitive von ὑπάρχω fanden, kommt auch das auf jüngeren Inschr. so beliebte Partizipium ὑπάρχων (in hellenist. Urkunden ἡ ὑπάρχουσα φιλία etc.) ausschließlich im Präsens vor. Man könnte also erklären, ἐπιβάλλων und ὑπάρχων haben auch im Partizipium ihre präsentische Aktionsart bewahrt, aber eine Erklärung durch Zeitstufe ('der, dem es jetzt eben zusteht', ἡ ὑπάρχουσα φιλία 'die jetzt bestehende Freundschaft') wäre auch hier wieder ebensogut möglich; ein Fall aus junger Zeit aber scheint mir zu zeigen, daß in der Tat noch Bewahrung der Aktionsart vorliegt: 5166, 3 schreiben die Polyrhenier an die Teier κομισάμενοι τὸ ψάφισμα τὸ παρ' ὑμῶν ἀνέγνωμεν καὶ τῶν πρεσβευτᾶν ... διακούσαμεν παρακαλούντων μετὰ πάνσας σπουδᾶς 'wir haben die Gesandten angehört, wie sie (oder 'die') uns zuredeten': παρακαλούντων zeitlich aufgefaßt wäre hier unmöglich, es müßte unbedingt der Aorist stehen; die präsentische Aktionsart von παρακαλέω gerade in den Briefen der kret. Städte an die Teier haben wir ja oben § 8

---

1) Über partizipial gebildete Personen- und Tiernamen siehe Anm. 8 im Anhang.

2) Ὁ ἐπιβάλλων eine merkwürdige Bildung, indem es nicht das unpersönliche ἐπιβάλλει 'es kommt zu', sondern ein persönliches ἐπιβάλλω 'ich bin befugt' voraussetzt, etwa wie das lateinische *impudens* ein persönliches *pudet* zur Voraussetzung hat.

deutlich erkannt, und die ist nun offenbar im Partizipium auch beibehalten worden. So unsicher und schwierig die Entscheidung in den sonstigen Fällen auch sein mag — ich habe die vielen Fälle aus den kretischen Inschriften, wo doppelte Auffassung möglich ist, gar nicht berührt — dieses letzte Beispiel und das an erster Stelle behandelte ὁ παρατυχών — οἱ παρατυγχάνοντες etc. zeigen doch, daß zum wenigsten ein Teil der attributiven und substantivierten Partizipien auch noch in junger Zeit die Aktionsart und nicht die Zeitstufe wiedergeben.

2. Prädikative Partizipien.

§ 60. In die prädikativen Partizipien ist die Zeitstufe sicherlich früher eingedrungen, da sie nämlich direkt die indikativischen Tempora im Satze vertreten und umschreiben.

Wenn es z. B. in den Briefen hellenistischer Zeit so oft heißt οἳ (scil. die Gesandten) παραγενόμενοι oder ἐπελθόντες … ἀπέδωκαν etc. (scil. τὸ ψήφισμα), so ist das die Umschreibung von οἳ … παρεγένοντο (oder ἐπῆλθον) καὶ ἀπέδωκαν, und wir gehen wohl nicht irre, wenn wir für diese junge Zeit in solchen prädikativen Partizipien den Aorist als wirklich das 'Tempus' bezeichnend erklären. Daß wir das für die Zeit des großen Gortynischen Gesetzes noch nicht dürfen, scheint Tab. I 40 zu zeigen: καλίον … ἀποδεικσάτō 'er soll (seinen Gegner) vorladen und ihm dann vor dem Tempel nachweisen …'. hier steht das Präsens, obwohl die Partizipialhandlung der Haupthandlung vorausgeht: καλεῖν hat eben auf den Tafeln nichtpunktuelle Aktion (s. § 8) und auf diese allein, nicht auf die Zeitstufe, kommt es an. Vgl. auch noch 4986 (arch.). 7 αἰ δέ κα μὲ εἴει καλίοντι 'wenn er dem, der ihn geladen hat, nicht folgt'. — Hierher gehört es auch, wenn wir bei ἄπατον ἦμεν wenigstens in den Fällen, die uns zu Gebote stehen, das Partizipium Präsentis finden: Tab. II 1 ἄγοντι 4993 II 8 πέροναι 5000 II b 3 θιθεμένοι 4985, 12 πράδδοντας 4992 a III ἐνεκυράδδοντα (nur auf archaischen Inschr. gebräuchlich, siehe unter Modi § 119); denn die Handlung muß doch erst vollzogen sein, damit sie straflos sein könne. Zeitstufe kann hier also das Partizipium nicht ausdrücken; das Präsens wird wohl das sein, welches Wilamowitz (Euripides' Herakles[2] II p. 11 und p. 214) als das 'dynamische' bezeichnet, es kommt nämlich gar nicht auf die Zeitstufe an, sondern die absolute Handlung, die Handlung des 'Pfändens, Eintreibens' etc. soll ungestraft sein. — In ähnlicher Verwendung findet sich das präsentische Partizipium bei κύριοc εἶναι 'die Vollmacht haben, etwas zu tun' fast ausnahmslos, so 5040, 15 καὶ πωλόντας καὶ ὠνωμένος καὶ δανείζοντας καὶ δανειζομένος καὶ ... cυναλλάccόντας κυρίος ἦμεν, ähnlich Latos 5075, 40 κύριον ἦμεν ... πωλίοντα ... ὠνιόμενον ... δανίζοντα ... δανιζόμενον ... und sonst: ebenso in anderen Dialekten: boeotisch häufig coυλῶντες καὶ δαμιώοντες, delphisch sehr oft κολάζων, cυλέων, καταδικάζων, πράccων (Freilassungsurkunden). Unter den kret. Inschr. widerspricht nur Gortyn 5027, 4 κύριος ἔcτω ὁ παρατυχὼν ἀφελόμενος κατὸ ἀρχαῖον (Attraktion an τυχών?) und die einige Male in den teischen Dekreten vorkommende Formel ἀφελόμενοι καὶ διδόντες τοῖς ἀδικημένοις κύριοι ἔcτωcαν: merkwürdig das Nebeneinander von Aorist und Präsens, vielleicht zeitstuflich 'sie dürfen es den Leuten entreißen und dann den Geschädigten wieder zurückgeben'.

Eine Stellung für sich nehmen die Partizipien ein, durch welche die Haupthandlung nach irgend einer Richtung hin näher erklärt wird, wo die beiden Handlungen also sachlich zusammenfallen: da ist dann von Zeitstufe keine Rede (s. Brugmann Gr. Gr. § 547, 1). Wir finden in solchen Fällen, die wir im Deutschen durch 'dadurch, daß ...' wiedergeben können, auf unseren Inschr. sowohl Aorist als auch Präsens: ersteren z. B. 5155, 5 εὖ οὖν ποιήcετε ἀναγράψαντες, 5170, 8 καλῶς κα ποιήcαιμεν προcδεξάμενοι ebenso 5168, 14; 5180, 15 ταῦτα πράξαντες ἀκόλουθα πραξίομεν, letzteres 5040, 48 ἀδικοίη τὰ cυγκείμενα κοινᾶι διαλύων; ferner die oft wiederkehrenden Wendungen διελέγεν (scil. die Gesandten) ... ποιόμενοι ... ἀπολογιζόμενοι ... ἐμφανίζοντες ... ἀποδεικνύοντες etc., wo das ἐμφανίζειν, ἀποδεικνύειν der Inhalt, die nähere Ausführung des διαλέγεcθαι ist: ebenso wohl auch 5138, 13 παρεκάλει δὲ ἀμὲ ... παραιτίους αἰεί τινανς ἀγαθῶν ... γίνεcθαι, cυνεπαύξοντας ... τὰν ὑπάρχουcαν ... πολιτείαν, φροντίττοντας ... 'wir sollten stets Gutes tun ... dadurch, daß wir die alte Freundschaft bewahrten ... und eine Gesinnung hätten, die ...'. Nach Brugmann a. a. O. wäre in allen diesen Fällen der Aorist am Platze, die Belege aus den kret. Inschr. entstammen jedoch alle junger Zeit, wo man der Tempuswahl schon nicht mehr allzuviel Wert beilegen darf.

§ 61. 3. Einige Male kommt es vor, daß in derselben Wendung bald Partizipium Präsentis, bald Aoristi begegnet: es fragt sich, ob da die Tempora eine bestimmte Bedeutung haben oder ob der Wechsel nur eine Folge des Verblassens der Tempusunterschiede ist.

Im Anfang von Beschlüssen heißt es präsentisch 4982 (archaisch) τάδ᾽ ἔϝαδε τοῖc Γορτυνίοιc πcαπίδονcι, 5011 (4. Jahrh.) τάδ᾽ ἔϝαδε τᾶι πόλι ψαφίδδονcι, Gortyn-Lato Bull. de Corr. hell. XXVII, 219 Z. 1 [τάδε ἔ]αδε τοῖc Γορτυνίοιc πcαπίδονcι, neben dem aoristischen 5015, (2. Jahrh.) 7 ἔδοξε τοῖc κόρμοιc ... ψαφίξανcι, 5101, (Ende 2. Jahrh.) 4 ἔδοξε τοῖc κόcμοιc καὶ τᾶι πόλι ψαφιξαμένοιc, 5169. 2 (teisches Dekret, also nach Deiters Rh. M. 59 p. 571 zwischen 220 und 216) ἔδοξεν Γαξίων τοῖc κόcμοιc καὶ τᾶι πόλει ψαφιξαμένοιc κατὰ ...[1]). Deutlich ist hier, daß die präsentische Fügung die ältere war (vgl. schon ἔϝαδε gegenüber dem jüngeren ἔδοξε). Die ältere Sprache drückte nur die Modalität aus, durch das ψαφίζειν kommt das δόγμα zustande; die jüngere bringt die Zeitstufe hinein und faßt das Verhältnis zeitlich auf: ἔδοξε ψαφιξαμένοιc = ἐψαφίξαντο καὶ ἔδοξεν. Die ganze Ekklesie wird als ein abgeschlossener Vorgang gefaßt, in welchem die einzelnen Akte nun als gleichzeitig erscheinen. Präsens und Aorist im gleichen Bedeutungsunterschied finden sich gar direkt hintereinander 5149, 46 ὁ πρεcβευτὰc ... ποτανέγραψε τὸ ... ψάφιcμα cυνευδοκιόντων καὶ τῶν παραγενομένων πρεcβευτᾶν: Präsens zeitlos, die Modalität bezeichnend 'unter Zustimmung' aber dann gleich Z. 51 ἔδοξε Λατίοιc καὶ Ὀλοντίοιc κοινᾶι βουλευcαμένοιc cυνευδοκηcάντων καὶ Κνωcίων: 'die Knosier erklärten ihre Zustimmung in der Ekklesie' (die wieder als ein Vorgang dargestellt wird).

In einer anderen kretischen Formel der Beschlußfassung begegnet auch der Wechsel zwischen Präsens und Aorist, doch ist die Wendung jünger: sämtliche Inschr., in denen sie vorkommt, gehören dem 3. bis 2. Jahrh. an:

5039, 9 αἰ δέ τί κα δόξηι βωλευομένοιc ... ἐπιδιορθῶcαι, 5040, 74 αἰ δέ τί κα δόξηι ἀμφοτέραιc ταῖc πόλεcι βωλουομέναιc ... διορθώcαcθαι,

aber häufiger aoristisch

5021, 10 αἰ δέ τι [δόξαι] ... βωλευcαμέναιc ... διορθῶcαι[1])

---

1) Beachte auch hier wieder den Wechsel zwischen Aktiv und Medium in derselben Formel in ψαφίξανcι und ψαφιξαμένοιc, ebenso unten ἐπιδιορθῶcαι 5039, διορθῶcαι 5021 neben διορθώcαcθαι 5040 (vgl. oben § 10 Anm. 2).

5149, 4 und 53 ἔδοξε Λατίοις καὶ 'Ολοντίοις κοινᾶι βωλευσαμένοις 5075, 45 εἰ δέ τί κα δόξηι ταῖς πόλεσι βωλουσαμέναις, 90 ἔδοξε Λατίοις καὶ 'Ολοντίοις κοινᾶι βωλευσαμένοις. Präsens und Aorist könnten auch hier eine verschiedene Auffassung desselben Gedankens darstellen, aber eher möchte ich in diesen jungen Inschr. an unterschiedslosen Gebrauch denken, zumal es sich um eine feste, formelhafte Wendung handelt, wo ja auch die Imperative und die modalen Nebensätze schon ein frühes Verblassen der Tempusunterschiede zeigten.

Denn auch bei der Verwendung der Partizipien läßt sich ein Abschleifen der Bedeutungsverschiedenheit der Tempora konstatieren: ein handgreifliches Beispiel aus den kretischen Inschr. fand sich nicht, aber von außerkretischen Belegen möchte ich hier auf die Verfluchungstäfelchen aus Knidos hinweisen: bei der Verfluchung von Leuten, die etwas erhalten, aber nicht zurückgegeben haben, heißt es 3538 ἀνιεροῖ Νάνας ... τοὺς λαβόντας ... καὶ μὴ ἀποδιδόντας, ἀλλ' ἀποστεροῦντας. 'Αποδοῦσι μὲν αὐτοῖς ὅσια ἦ, μὴ ἀποδοῦσι δὲ ἀνόσια: hier mag man das Präsens gegenüber dem Aorist immerhin noch erklären als 'sie verharren in dem μὴ ἀποδιδόναι, wollen nicht zurückgeben': aber wenn es auf einem andern Täfelchen 3541, 3 heißt ἀποδόντι μὲν ὅσια καὶ ἐλεύθερα καὶ κομισαμένοις τὸ κόμιστρον, καὶ ἐμοὶ τῆι κομιζομένηι καὶ τῶι ἀποδιδόντι, μὴ ἀποδιδόντι δὲ (scil. ἀνόσια ἦ ...), so ist zwischen ἀποδόντι und τῶι ἀποδιδόντι, zwischen κομισαμένοις und τῆι κομιζομένηι oder zwischen dem ersten ἀποδόντι μέν und dem letzten μὴ ἀποδιδόντι δὲ ein solcher Unterschied wohl schwerlich zu finden. — Die Tempora sind eben schon verwischt, was übrigens bei dem Alter der Inschriften (keinesfalls vor dem 3. Jahrh.) und ihrer ganzen volkstümlichen Sprache kaum zu verwundern ist.

§ 62. Rückblick auf § 21—61 (modale Formen des Präsens- und Aoriststammes).

Die modalen Formen — Konjunkt. und Optat., Imperativ und imperativ. Infinitiv, Partizipium — lassen manchen Unterschied des Präsens- und des Aoriststammes noch erkennen: so fand sich (§ 21—22) der Konj. und Opt. Aoristi, wenn einer allgemein gehaltenen Bestimmung im Präsens ein bestimmter, abgeschlossener Fall gegenübergestellt wird; ebenso, wenn ein Fall durch Zusätze näher bestimmt wird, der Konjunktiv (§ 23—25) und Imperativ (imperativ. Infin.) Aoristi (§ 37—40), während, wenn diese Zusätze fehlen, die Handlung also allgemeiner, unbestimmter Natur ist, präsentische Formen stehen; Handlungen, die wiederholt werden oder dauernder Natur sind, stehen im Imperativ (imperativ. Infinitiv (§ 41—42 und 45)), und Partizipium (§ 58) Präsentis (ein scheinbarer Ausnahmefall § 43—44), ebenso fanden sich präsentische Formen, wenn ausführende Bestimmungen gegeben werden, im imperativ. Infinitiv (§ 35—36), während die Haupthandlung aoristisch wiedergegeben wird (vgl. auch § 16): von καλεῖν und andern Verben konnte die präsentische Natur nachgewiesen werden (§ 54). Andrerseits ließ sich unterschiedsloser Gebrauch von Präsensstamm und Aoriststamm in jungen Inschr. mit Sicherheit konstatieren (§ 27—28 Konj. und Optat. § 47 Imperativ), und es ergab sich die Tatsache, daß namentlich in vielgebrauchten Wendungen, wie denen des Zählens (§ 48; § 51—52), der Gegensatz der Formen des Präsens- und des Aoriststammes schon früh verwischt wurde (mit ziemlicher Wahrscheinlichkeit sogar auch schon in nicht formelhaften Wendungen: § 30—31 Coni. und Optat., § 49 Imperativ), daß aber das Bewußtsein des ursprünglichen Unterschiedes auch in den jüngsten Zeiten nicht ganz geschwunden ist, wenn nämlich der Inhalt erfordert, präsentische und aoristische Aktion direkt nebeneinander zu verwenden (§ 29).

Doch stehen diesen positiven Ergebnissen bedeutende negative Seiten gegenüber. Objektive Kriterien, ob in der Tat mit Bewußtsein die Formen des Präsens- oder des Aoriststamms gesetzt sind oder nicht (wie etwa solche, daß bei δικακςάτō der Urteilsinhalt dabeisteht, bei δικαδδέτō nicht, § 37), fehlen meistens: es ist eine subjektive Empfindungssache, in der, um es kraß zu sagen, schließlich nur derjenige entscheiden und nachfühlen kann, der diese Formen selbst gesetzt hat — jedenfalls wir oft nicht mehr; dabei ist, wenn es sich um so feine syntaktische Unterscheidungen handelt, im Auge zu behalten, daß wir es mit der Sprache der Inschriften zu tun haben, die eine Kunstsprache nicht sein will, vielleicht auch (bei einem Stamme, der sich zu einer Literatursprache nie erhoben hat) garnicht sein kann. Bei der Beurteilung der optativischen und konjunktivischen wie der partizipialen Formen kommt außerdem die meist unentscheidbare Frage hinzu, ob Zeitstufe oder Aktionsart vorliegt (§ 32 und 57—61). Schließlich können für die Wahl der Tempora auch zunächst unberechenbare Einflüsse, die weder mit Aktionsart noch mit Zeitstufe etwas zu tun haben, in Betracht kommen — namentlich mag oft eine okkasionelle Gebrauchsart durch irgendwelchen Einfluß zur usuellen geworden sein, wie sich z. B. fand, daß bei den Verben des 'Zahlens' vielfach je nach der lokalen Provenienz die präsentische oder aoristische Ausdrucksweise sich festgesetzt hat (§ 51—52).

Vor allem aber ist es — es sei zum Schlusse nochmals wiederholt — das subjektive Element bei der Beurteilung dieser Fragen, das Fehlen der objektiven Kriterien, das das Gefühl einer völlig sicheren Entscheidung nur selten so recht aufkommen läßt.

Lebenslauf.

Geboren bin ich Johannes Karl Wilhelm Paul Jacobsthal am 17. Juni 1882 zu Straßburg i. Elsaß als Sohn des Dr. Gustav Jacobsthal, Professor an der Universität, und seiner Frau Blanka geb. Joseph. Meine Vorbildung genoß ich auf dem Lyzeum meiner Vaterstadt, das ich Herbst 1900 mit dem Zeugnis der Reife versehen verließ, studierte dann an der Kaiser Wilhelms-Universität zu Straßburg zunächst Naturwissenschaften und Sprachen, beschränkte mich aber bald in der Hauptsache auf das Gebiet der alten Philologie. Den Winter 1903/04 und Sommer 1904 verbrachte ich in Göttingen und kehrte im Winter dieses Jahres nach Straßburg zurück, um mich an der Bewerbung der von der Straßburger Philosophischen Fakultät gestellten Preisaufgabe: "Der Gebrauch der Tempora und Modi in den kretischen Dialektinschriften" beteiligen zu können; aus dieser Arbeit, für die mir am 1. Mai 1905 der Preis zuerkannt wurde, ist die vorliegende Abhandlung entstanden.

Vorlesungen hörte ich bei den Herren Dozenten: Baensch, Braun, Fittig, Gillot, Jacobsthal, Keil, Knapp, Krazer, Leo, Michaelis, Neumann, Reitzenstein, Schwartz, Schwarzschild, Wackernagel, Windelband, Ziegler, ich nahm teil an den Übungen der Herren Dozenten: Gillot, Jacobsthal, Keil, Krazer, Leo, Michaelis, Neumann, Plasberg, Reitzenstein, Schwartz, Wackernagel, Windelband.

Besonders herzlicher Dank sei auch an dieser Stelle meinen hochverehrten Lehrern Herrn Prof. Dr. Bruno Keil und Herrn Prof. Dr. Jakob Wackernagel ausgesprochen.